Kolofon

©Mathias Jansson (2020)

"Deep Fake, havet och appar – essäer om konst och poesi"

ISBN: 978-91-86915-44-5

Utgiven av:

"jag behöver inget förlag"
c/o Mathias Jansson
Tvärvägen 23
232 52 Åkarp
http://mathiasjansson72.blogspot.se/

Tryckt: Lulu.com

Omslag:

Essäerna har tidigare varit publicerade i Tidningen Kulturen, Opulens och Populär Poesi.

Innehåll

Med hålkort i väven 4

Schack matt i konsten 7

100 nedslag i nätkonstens historia 11

Mord och black metal på Göteborgs konstbiennal 2017 13

Konsten att sova i en död björn 16

Som ett konstverk på posten 19

Fantastiska varelser och deras skapare 22

Det grymma havet 26

Jeff Koons måste dö!!! och andra arkadspels baserade konstverk 29

Spegelvärldar – den självreflekterande konsten 33

Öar som inte finns 38

Den sjunkna konststaden 43

Det filtrerade jaget – Instakonstnären i selfielandet 46

GauGAN andra artificiella konstnärer 48

Rembrandt i den virtuella världen 52

Virtuella världar i fickan 56

Salvador Dali är tillbaka - Deep Fake Art 59

Minnesbilder över de döda - från figurdikt till VR-dikt 62

Eduardo Kac och den tyngdlösa poesin 66

Osynliga vågor av poesi 72

AI och poeten 77

AI tar över internet 83

App-konsten intar stadsrummet 88

Konst som ett socialt objekt 91

Videopoesi – en växande konstform 95

Konstnärer som hackar de stora nätjättarna 98

Demoner hemsöker bara fattiga 102

Zombier som samhällsdebattörer 106

Antika myter i samtidskonsten 110

De klaustrofobiska ljusväktarna 114

Det stormar i litteraturen 118

En banan värd sin vikt i guld 121

Konsten att stjäla konst 124

Kultur i skuggan av Corona-viruset 128

Orfeus i underjorden - en resa i meta-teater 131

Toapapper i konsten 136

Med hålkort i väven

Vävkonst och datakonst har mer gemensamt än man kan tro. På Malmö konsthall visas fram till den 14 januari 2018 en utställning där den skånska konstnären Charlotte Johannesson medverkar. Johannesson var utbildade som väverska och arbetade som textilkonstnär innan hon i slutet av 1970-talet upptäckte att man kunde använda datorer för att skapa konst. Idag räknas hon som en av pionjärerna inom svensk datakonst.

Under 1800-talet började man mekanisera vävindustrin och fransmannen Joseph-Marie Jacquard uppfann en vävstol som använde sig av hålkort som bestämde vävens mönster. Dessa hålkort blev längre fram en föregångare till hur datorer programmerades. Under 1800-talet började man också experimentera med mekaniska räknemaskiner. Den brittiska matematikern Charles Babbage uppfann en räknemaskin som anses vara föregångare till dagens dator och Ada Lovelace skapade en algoritm till maskinen och anses därför vara historiens första dataprogrammerare. Idéer från textilindustrin och matematiken skulle så småningom sammanstråla och skapa förutsättningarna för dagens datoriserade samhälle.

I Charlotte Johannesson konst möts dessa två världar, den textila och den digitala. Tillsammans med sin man Sture Johannesson drev hon Digitala Teatern under 1980-talet i Malmö. Det var här Charlotte började utveckla idéen om att överföra textila kompositioner till en digital bildvärld. Hennes konstnärliga utveckling sammanfaller också med datorns intåg i hemmen. Tidigare hade konstnärer varit beroende av ingenjörer och dyrbar datatid för att skapa konst på datorer, men i och med hemdatorn, som Apple II, kunde konstnärerna själva köpa den utrustning de behövde och ha den i sin ateljé. Det finns flera andra skärningspunkter i Charlottes konstnärskap mellan datorer och vävning. Johannesson arbetade till exempel med en förenklad form av Jaquardvävning där mönstret designas med hjälp av ett hålkort. Apple II hade en datorskärm som bestod av 239 pixlar horisontalt och 191 pixlar vertikalt, vilket visade sig motsvara vävstolens format, vilket förenklar övergången från textila till digitala motiv.

Den tidiga datakonsten och då framför allt kvinnornas betydelse har på de senaste åren börjat lyftas fram ur historiens skuggor. Victoria and Albert Museum i London har de senaste åren börjat samla på tidig datakonst skapad av kvinnor. I sina samlingar har man bland annat verk av Vera Molnar som i slutet av 1960-talet använde sig av en IBM 370 och en plotter för att skapa bilder eller Katherine Nash, som i slutet av 1960-talet samarbetade med dataingenjörer på Minnesotas universitet, för att skapa datakonst.

Den tidiga datakonsten i Sverige har dock länge varit undanskuffad i konstens periferi och då synnerligen de kvinnliga pionjärerna. Vi är ganska glada att lyfta fram hur duktiga vi är inom dataspelindustrin och andra tekniska innovationer, men tyvärr inte lika duktiga på att lyfta fram våra digitala konstnärer och deras pionjärarbeten. Förhoppningsvis kommer utställningen med Charlotte Johannesson att förändra detta i längden. Att Charlotte även medverkade i den Nordiska paviljongen under Venedigbiennalen 2017 bidrar förstås också till ett ökat internationellt intresse för den tidiga svenska datakonsten.

Schack matt i konsten

Vid havet sitter riddaren och spelar schack med döden. Ingmar Bergmans klassiska scen i filmen "Det sjunde inseglet" från 1957 är ikonisk. Scenen med två kombattanter försjunkna i en hjärnornas kamp för att på liv och död besegra den andra på slagfältet är ett motiv som också återkommer i konsten.

En konstnär som tog schackspelandet till nya höjder vara Marcel Duchamp. För Duchamp var det en konst att spela schack och han har i ett berömt citat sagt att även om alla konstnärer inte är schackspelare så är alla schackspelare konstnärer. Med tiden blev Duchamp en riktigt duktig spelare som kom att representera Frankrike i flera schackolympiader.

Mest känd har Duchamps schackspelande blivit genom ett fotografi taget 1963 i Pasadenas konstmuseum i USA. Bilden visar hur den då 76-åriga Duchamp sitter och spelar ett parti schack mot den helt nakna 20-åriga Eve Babitz. Man kan visserligen säga att fotografiet har en konsthistorisk förlaga i Édouard Manets målning "Frukost i det gröna" (1863) där man också omotiverat hittar en ung naken kvinna som sitter i gräset och har picknick med två kostymklädda män. Men sett med dagens ögon så kan man inte annat än konstatera att fotografiet är ganska sexistisk. Det är faktiskt så illa att Eve knappt visste hur man spelar schack utan ställde egentligen bara upp på den arrangerade bilden för att hämnas på museets direktör som inte hade bjudit in henne av rädsla för att hon skulle ställa till med en skandal.

Ser man på Bergmans filmscen och fotot av Duchamp så får man intrycket att schack är ännu ett mansdominerat område i konsten. Sett i ett större konsthistoriskt perspektiv så stämmer det inte riktigt. Schackspelets ursprung är omdiskuterat, termen schackmatt är iallafall persisk och betyder "kungen är besegrad", men den form av schack vi känner till idag uppkom i Europa på 1400-talet. Schackbrädet är ett representativt slagfält och pjäserna en bild av samhället. Viktiga pjäser som kungen och drottningen måste skyddas, medan bönder som det finns gott om kan man offra i spelet. I schack gäller det för spelarna, precis som i verkligheten, att genom strategi och list slå ut den andres kung och vinna kriget.

Under renässansen ingick därför schackspelandet som en viktig del i adelns bildning. Både män och kvinnor spelade schack eftersom det ansåg utveckla strategisk förmåga och list. Egenskaper som kunde vara bra att ha för att nå framgång i livet och behålla sina positioner i samhället. Det är därför inte ovanligt på målningar från den här tiden att man ser kvinnor som spelar schack. I den italienska konstnären Sofonisba Anguissolas målning från 1555 ser vi tre systrar som spelar schack och i den holländska konstnären Lucas van Leydens målning från 1508 hur en man och en kvinna, (bägge är påklädda), sitter och spelar schack medan några människor intresserade följer partiet.

Man får en känsla att det är någon gång under 1800-talet som bilden av schack som en manlig sysselsättning börjar ta form. Att det första officiella världsmästerskapet i schack arrangerades 1886 har förmodligen något att göra med saken. På Honoré Daumiers målning "Schackspelarna" från 1863 ser vi en ganska typisk bild av hur vi idag brukar tänka på schackspelare. På målningen är det två äldre herrar som sitter försjunkna i ett parti schack. Om schack tidigare har varit ett nöje och tidsfördriv för både män och kvinnor, unga och gamla, så verkar det under 1900-talet främst blivit en intellektuell kamp för män.

Schackbrädet och pjäserna och under historien också fått olika kreativa utformningar. I en utställning på Saatchi gallery i London visades 2012 en utställning som hade temat "The Art of Chess". Under flera år hade man bjudit in samtida internationellt kända konstnärer som Maurizio Cattelan, Jake och Dinos Chapman, Tracey Emin och Damien Hirst för att skapa unika schackspel i alla möjliga material.

Damien Hirst hade gjort schackspelet "Mental Escapology" där pjäserna bestod av medicinflaskor och burkar av glas som var graverade med texter som K-night, Castle tablets, Queen ER. Schackbrädet var monterat på ett kirurgbord och de utslagna pjäserna placerades inlåsta i ett vitrinskåp för att göra det medicinska temat komplett. Den japanska konstnären Yayoi Kusama hade skapat ett pumpa schackspel med stolar, bord och pjäser i hennes karaktäristiskt prickiga utförande och hela spelet kunde sedan förvaras i en stor vit läderpumpa. I "Untitled" (Good versus Evil) har Maurizio Cattelan tagit konceptet med schackspelets symbolik med svart och vitt, ont och gott, bokstavligen. På den svarta sidan ser vi ondskefulla karaktär som Hitler och Cruella de Ville, som strider mot den vita sidan med pjäser som Martin Luther King och moder Teresa.

Utställningen "The Art of Chess" inspirerades i sin tur av utställningen "Imagery of Chess" som arrangerades i New York 1944, av, ja vem annars om inte schackkonstens mästare, Marcel Duchamp. Utställningen bestod av 32 inbjudna konstnärer vilket motsvarade antalet pjäser på ett schackbräde. Max Ernst och Duchamp själv bidrog med egna designade schackspel och andra konstnärer deltog med konstverk där schack var huvudmotivet som Dorothea Tannings surrealistiska målning "Endgame" med ett schackbräde i bakgrunden. Om med det draget säger vi schack matt för den här essän.

100 nedslag i nätkonstens historia

Datorn står i sovrummet. Vi kan tänka oss att den brummar lite hemtrevligt medan fläkten snurrar för att kyla processorn. I sängen bredvid datorn ligger någon och sover fridfullt. Plötsligt blir det aktivitet i datorn, dioderna börjar blinka rastlöst, någon okänd har precis loggar in via internet och börjat rota runt på hårddisken bland privata dokument, bilder och mail.

Det här är inte beskrivningen av ett dataintrång utom av konstverket "Life Sharing", som är ett anagram för File Sharing. Under åren 2000-2003 öppnade konstnärerna Eva och Franco Mattes upp sin dator, så att vem som helst kunde logga in på den och ta del av deras liv som fanns lagrat på hårddisken.

Det var i början av 2000-talet som fildelningen började få allmän spridning. Napsters startade som en av de första fildelningstjänsterna och följdes av andra hemsidor, där Piratebay kom att den bli den mest kända och ökända. Det var också i slutet av 1990-talet som användarna började sända sina liv live över nätet med hjälp av en webbkamera. En av de första var JenniCam där vi fick följa 19-åriga Jennifer Ringley i hennes vardag och ta del av hennes funderingar. Det fanns under den här perioden ett stort intresse att dela med sig av sitt liv på nätet och "Life Sharing" är väl det ultimata självutlämnande sättet, genom att ge alla tillgång till innehållet på sin dator. Konstnärerna säger själva att man ville försöka leva efter den gamla hacker-devisen om att all information skulle vara fri.

"Life Sharing" ingår i ett tvåårigt utställningsprojekt på Rhizome.org, som är en organisation som främjar och bevarar digital konst. I Net Art Anthology kommer man att presentera 100 nätbaserade konstverk från 1980 fram till idag. Förutom "Life Sharing" kan man bland annat hitta verk som Olia Lialinas "My Boyfriend Came Back from the War" (1996) som är en HTML-baserad interaktiv berättelse, Alexei Shulgins "Form Art" (1997) där konstnären har använt sig webbens olika formulär för att bygga upp abstrakta mönster på skärmen och verk från Miltos Manetas nätbaserade konstriktning Neen.

Det stora problemet med nätbaserad konst är den tekniska utvecklingen och svårigheten att visa konstverken när de bara fungerar i vissa webbläsare som Netscape eller är beroende av insticksprogram som inte längre fungerar i nyare webbläsare. Att bevara den nätbaserade konsten handlar därför i lika hög grad om att bevara tekniken eller skapa program som kan simulera de miljöer som de är gjorda för. Ett stort arbete för Rhizome har därför varit, förutom att dokumentera konstverken, att återskapa tekniken bakom verken så de kan upplevas som de var tänkta när de en gång i tiden skapades. Ambitionen med Net Art Anthology är att skapa en kanon för den nätbaserade konsten där man lyfter fram de viktigaste och mest betydelsefulla konstverken i den nätbaserade konstens historia.

Mord och black metal på Göteborgs konstbiennal 2017

På Göteborgs Internationella Konstbiennal (GIBCA) har konstnären Maddie Leach tagit sig an en av den svenska black metal scenens storheter under 1990-talet, nämligen bandet Dissection. I verket som lånat sin titel från bandets första demoskiva "The Grief Prophesy" försöker Leach omtolka bandets satanistiska musik och sångaren Jon Nödtveits destruktiva liv. Nödtveit dömdes 1997 för medhjälp till mord på en homosexuell, algerisk man vid namn Josef Ben Meddour i Keillers Park i Göteborg. När Nödtveit kom ut från fängelset 2004 återbildades bandet, men redan efter två år valde Nödtveit att avsluta sitt eget liv.

Vid vattentornet vid Keillers Park, där Meddour mördades, hittade Leach ett uppochnedvänt pentagram, en symbol för ondskan. Leach ville som ett inofficiellt minnesmärke över Meddour rista in ett rättvänt pentagram som i stället symboliserar tur, harmoni och skydd. Den delen av projektet kunde aldrig realiseras men på flera andra sätt har Leach försökt använda bandets destruktiva och mörka image till något mer positivt. Hon har gjort en nyinspelning av Dissections låt "Into Infinity Obscurity". Det nya verket är en långsam instrumentell tolkning framförd på vevlira och oud. Vevlira är ett gammalt svenskt instrument och oud ett stränginstrument från Nordafrika. Leach anlitade även Kristian Wåhlin som skapat några av Dissections skivomslag och bad honom göra ett nytt omslag med Keillers Park i förgrunden och Göteborgs stora moské i bakgrunden. Både omslaget och den instrumentala versionen av låten skapar ett möte mellan den svenska kulturen och det främmande, och blir till en bild för det mångkulturella samhället och ett försök att skapa tolerans och förståelse.

Det är inte första gången som ett destruktivt black metal band har hamnat i samtidskonstens strålkastare. Det norska bandet Mayhem som under 1990-talet kom att förknippas med både kyrkbränningar och mord på egna bandmedlemmar har figurerat i Bjarne Melgaards verk "Son of Odin". Melgaards skapade en installation med bilder av brinnande kyrkor, fotografier och bronsskulpturer av döda eller mördade medlemmar. Det var under 1993 då Mayhems basist Varg Vikernes knivmördade bandets gitarrist Euronymous som det blev en hel del rubriker i media om den destruktiva black metal scenen i Norge. Mayhem hade redan innan mordet varit i fokus eftersom sångaren Deads, precis som Dissections frontfigur, hade begått självmord.

Kristian Wåhlin som gjort omslaget till Leach verk har tidigare figurerat i konstutställningar. Han var med i utställning "Från Marcus Larson till Goth" som visades på Göteborgs konstmuseum och Dunkers Kulturhus i Helsingborg. Det finns en släktskap mellan genrens skivomslag och skräckromantik och goth när det gäller en förkärlek för vilda landskap, kyrkogårdar, ruiner och andra dramatiska och spöklika miljöer. Mattias Frisk är en annan svensk illustratör och konstnär. Han är kanske mest känd för att ha gjort omslagen till svenska metalbandet och grammisvinnarna Ghosts skivor som också har förekommit i olika konstsammanhang. För det är inte bara black metal banden utan även skivomslagsillustratörer som letat sig in på samtidskonstscenen.

Intresset för subkulturen black metal, med sin brutala musik, sin estetik och kultur har sedan mitten av 1990-talet inspirerat konstnärer och de har även gjorts en del utställningar, både i Sveriges och utomlands, som "Om ljuset tar oss" på Gävle konstcentrum 2011 och "Altars of madness" på Casino Luxembourg 2013, som handlat om hur samtida konstnärer inspireras av black metal. Maddie Leach verk "The Grief Prophesy" är ännu ett verk som man kan lägga till en växande lista med black metal inspirerad samtidskonst.

Konsten att sova i en död björn

Den klaustrofobiska känslan av att vara inspärrad i ett trångt utrymme är inget som den franska konstnären Abraham Poincheval verkar lida av. Under en vecka under 2017 befann han sig instängd i en sten på konstmuseet Palais de Tokyo i Paris. I stenen fanns det en formgjuten stol där han kunde sitta och genom små hål fick han luft, vatten och näring. Via en kamera kunde besökarna på en videoskärm sedan följa vad som hände inne i stenen. Konstnären beskriver denna klaustrofobiska performance med titeln "Stone" som känslan av att resa i en sten, som en astronaut, utan att kunna röra sig. För nog är det en mental utmaning att befinna sig instängd under en lång tid i ett litet utrymme.

Man kan inte låta bli att jämföra Poincheval performance med andra verk som testar kroppens gränser, där vi bland annat hittar den kända konstnären Marina Abramović, som skapat många och långa performanceverk. Abramović har också skapat ett klaustrofobiskt verk. I "Imponderabilia" från 1977 ställde sig Abramovic och hennes kollega Ulay nakna vid en trång passage som ledde in till invigningen av utställningen på ett konstmuseum i Bologna. Besökarna blev tvungna att pressa sig förbi de två nakna konstnärernas kroppar vilket skapade en klaustrofobisk känsla hos besökarna.

För Poincheval var en vecka instängd i en sten inte hans första och inte heller hans längsta klaustrofobiska upplevelse. 2014 tillbringade han två veckor i en död björn på ett annat franskt museum. I en uppstoppad björn hade konstnären byggt en sängplats där han sedan tillbringade två veckor. Med sig hade han mat, vatten, en lampa, något att läsa och någon form av toalett. Poincheval konstnärskap kretsar mycket kring att befinna sig i trånga utrymmen under en längre tid som att bo i ett underjordiskt hål utanför en bokhandel i Marseille, spendera en vecka 20-meter ovanför marken på en liten plattform utanför Paris tågstation Gard du Nord eller flyta runt som en flaskpost på floden Rhone, inspärrad i en stor genomskinlig flaska.

Den här typen av performance är inte helt ofarlig. När några konststudenter från Holland 2015 gjorde ett försök till ett performanceverk, som gick ut på att en kvinna som låg i en låda täcktes av gips, höll det på att gå riktigt illa. Det visade sig att andningshålet förmodligen var för snävt tilltaget och kvinnan fick panik när syret började ta slut. Stadens brandkår fick göra en blixtutryckning och slå sönder gipskokongen och rädda kvinnan ur den klaustrofobiska situationen. Sensmoralen är väl att den här typen av farlig konst ska lämnas år erfarna och utbildade konstnärer och inget som konststudenter ska försöka sig åt.

Det finns andra studenter som också hamnat i konstknipa, låt hända av det mer humoristiska slaget. En student vid det tyska universitetet i Tübingen ville ta en selfie med den peruanska konstnärens Fernando de la Jara staty "Chacán-Pi" (Making Love), men fastnade och kom inte loss. Statyn som är en 12 ton marmorskulptur föreställer kort och gott en vagina och den manliga studenten fastnade med foten i öppningen och kunde inte ta sig loss utan hjälp av brandkåren. Att vara instängd nio månader i mammans mage och sedan fastna på vägen ut kan inte annat än beskrivas som klaustrofobiskt.

Att plötsligt befinna sig naken på röda mattan med hundratals personer stirrande på dig är rena mardrömsupplevelsen. Att dessutom vara instängd i en glaslåda och inte kunna fly, gör inte saken bättre, men det var precis vad den ryska performancekonstnären Fyodor Pavlov-Andreevich utsatte sig för när han kraschade kända fester som Met galan 2017. Hans medhjälpare levererade honom naken instoppad i en glaslåda på röda mattan och lämnade honom sedan åt sitt öde. Verket ingick en serie av fem performance som konstnären kallade "Foundling". Jag tror inte Pavlov-Andreevich kände sig speciellt utsatt där han låg naken i en glaslåda på kändisfestens röda matta. Vi talar ändå om en konstnär som spikade fast sin pung i kullerstenen på Röda torget i Moskva och satt där naken som en protest mot vad han kallade den ryska polisstaten.

Som ett konstverk på posten

På 1960-talet började konstnärer skicka konst, som vykort och små kollage, till varandra med posten. Företeelsen fick namnet "Mail art" och nådde sin storhetstid på 1970-talet. Konsten att skicka brev är idag nästan en bortglömd företeelse, för vem behöver brev när man enkelt kan maila, facebooka, snapchatta och whatsappa till varandra? Det gamla talesättet "Som ett brev på posten" verkar idag också mer vara ett ironiskt uttryck än ett löfte om punktlighet och omsorg för våra försändelser.

En som upplevt postens hårdhänta hantering av paket är den amerikanska konstnären Walead Beshty. Under nio år skickade han olika sorters glasblock med budfirman FedEx. I många fall råkade paketen ut för en omild behandling och glaset kom tillbaka med sprickor och skador. De skadade glasblocken blev till skulpturer, där de slumpmässiga sprickorna och mönstren berättade en historia om verkets resa genom det amerikanska landskapet. Utställningen var väl inte den bästa reklamen för företaget FedEx, eftersom Beshty använde emballaget som podium där FedEx logga syntes tydligt och ovanpå ställde han demonstrativt det trasiga glasblocket.

På nätet kan man hitta flera historier, sanna eller påhittade, om personer som skickat sig själva med posten. Att maila sig själv på posten är ingenting man ska prova då risken att man dör på kuppen är ganska stor. Ett betydligt bättre sätt att se hur postsystemet fungerar inifrån är att rigga en kamera i ett paket. Konstnärsgruppen !Mediengruppe Bitnik gjorde (2013) verket "Delivery for Mr. Assange", som är en 32-timmars live post-performance där man skickade ett paket till Wikileaks grundaren Julian Assange som befann sig på Ecuadors ambassad i London. Löpande under projektet skickades bilder och positioner från kameran till en hemsida och Bitniks Twitter-konto. Slutligen avslutades performancen när paketet nådde fram till mottagaren och de tusentals som följde paketets väg på Twitter kunde få en hälsning från Julian Assange själv genom kameran.

Hur långt är egentligen posten och din brevbärare villiga att gå för att få leverera din post? Den amerikanska posten har ett berömt inofficiellt motto som lyder: "Neither snow nor rain nor heat nor gloom of night stays these couriers from the swift completion of their appointed rounds". En engelsk illustratörsstudent vid namn Harriet Russell beslöt att sätta den engelska posten på prov och se om man fortfarande levde upp till devisen att brevet alltid ska fram. Russell skapade en serie vykort som hon kallade "Return to sender". Hon skickade 130 vykort till sig själv där adressen bestod av en karta, en rebus, ett korsord och andra pussel som först måste lösas innan man kunde hitta mottagaren. Otroligt nog lyckades posten leverera alla, utom 10 stycken som inte kom fram till mottagaren. Breven har samlats i en bok som publicerade 2005 med titeln "Envelopes: A Puzzling Journey Through the Royal Mail"

Det är nu inte alltid posten är så samarbetsvillig och så intresserad av konstnärliga uttryck. Det är något som den norska konstnären Marit Følstad fick uppleva när hon skulle transportera sitt konstverk "Anger/Dangerous" från tillverkaren i London till Norge. Konstverket som består av en neonskylt med texten "Anger/Dangerous", stoppades av tullen som inte betraktade det som ett konstverk utan som, just det, en neonskylt, som då enligt lag ska beläggas med moms för att kunna föras in i landet. Følstad blev tvungen att driva saken i domstol för att bevisa att hennes konstverk inte var en vanlig neonskylt, utan ett konstverk. I domstolen vann konstnären till slut, så nu är det återigen ett konstverk och inte bara en vanlig neonskylt.

Nu ska man inte skylla postens anställda för att inte vara kreativa. Det finns historiska exempel på att dela ut post kan vara grunden till en konstnärlig karriär. Ta bara fransmannen Ferdinand Cheval som under 1800-talet arbetade som brevbärare. Under sina långa promenader samlade han längs vägen på sig stenar som han tyckte var intressanta och vackra och som han sedan tog hem för att bygga sitt eget ideal palats som idag är en stor turistattraktion. Cheval ville egentligen begravas i sitt palats men då det inte var tillåtet i Frankrike så byggde han istället ett mausoleum på kyrkogården i en snirklig barock inspirerad stil där han nu ligger begravd.

Fantastiska varelser och deras skapare

År 1515 skapade den tyska konstnären Albrecht Dürer ett grafiskt blad föreställande en indisk pansarnoshörning. På 1500-talet var det nästan ingen i Europa som hade sett en riktig noshörning, inte ens Dürer verkar det som. Bilden är förmodligen gjord efter en beskrivning eller en annan förlaga, av en levande noshörning som visades upp i Lissabon samma år. Många betraktare ansåg nog på den här tiden, att noshörningen var ett lika underligt och exotiskt djur som enhörningen.

Enhörningar finns det gott om i konsten. Det var ett sagodjur som under medeltiden kom att förknippas med Kristus och som också var en symbol för det oskuldsfulla. På Rafaels målning från 1500-talet ser vi jungfru Maria som sitter med en mycket liten enhörning i famnen som en symbol för hennes oskuld och renhet. Det finns olika teorier om enhörningens ursprung. Det har spekulerats om det funnits något riktigt djur som varit förlaga eller inte. En annan teori är att man hittat horn från Narvalen, som egentligen är långa spiralvridna tänder som ser väldigt fantasifulla ut, och att dessa horn har triggat igång fantasin, och att man trott att de tillhört enhörningar.

Det var nog inte många i Europa under medeltiden som kände till eller hade sett en Narval, som lever i norra ishavet. Under stor del av historien har havet varit och är fortfarande ett stort outforskat område som döljer många spännande och skrämmande varelser. Kanske inte lika skrämmande som de monster och sjöodjur som man kan hitta på äldre sjökort som Olaus Magnus sjökarta från 1539. När man ser det myller av sjöormar, sjömonster och jättekrabbor som hotar att sluka båtar och besättningar så förstår man att man hölls sig på land eller nära kusten.

Även i vår tid dyker det upp märkliga väsen. När jag var liten fick jag höras talas om Skvadern, ett märkligt djur som bodde i Medelpads skogar och som var en korsning, där framdelen bestod av en hare och bakdelen av en tjäder. Det finns "riktiga" exemplar att se på museum, där en kreativ taxidermist sytt ihop de två djurdelarna till ett nytt djur. Det finns en del samtida konstnärer som också arbetar med att skapa nya fantasifulla och skrämmande varelser genom att kombinera olika uppstoppade djurdelar.

Enrique Gomez de Molina är ett exempel, men inget bra exempel. Konstnären skriver på sin hemsida att han blir glad över att se sina fantasifulla varelser men samtidigt ledsen för att vi hålla på att utrota många arter. Ironiskt nog så var det därför konstnären hamnade i problem med rättvisan när det visade sig att han utan tillstånd hade importerat djurdelar. Det finns en stor svart marknad som handlar med utrotningshotade och rödlistade djur och genom att ignorera lagarna bidrog konstnären själv till att djuren hotades. Bland några av Molinas skapelser kan man nämna en ekorre med sköldpaddsskal och ett fågelhuvud. Ekorrens huvud verkar Molinas sedan har använt i ett annat verk där det återfinns monterat på bakkroppen av en krabba.

Mer poetiska och organiska är Ellen Jewetts skulpturer där hon låter djur och natur smälter ihop i fantastiska keramikkreationer. Som en coyote som verkar hålla på att förvandlas till en fågel. Den står på fågelben och svansen växer fram som en symbios av fågelfjädrar, växter och löv. Hela skulpturen har en cirkulär och organisk form. Samma känsla får man när man ser Jewetts tupp där fjädrarna övergår i ett grenverk där det sitter små fåglar. Det är precis som om Jewetts skapelser bär med sig sitt eget ekosystem med växter och andra djur.

Kate Clark är ett annat exempel. Hon arbetar mycket med skulpturer av djur som antiloper, zebror och hjortar där hon byter ut djurets ansikte mot ett mänskligt ansikte. På så sätt spinner hon vidare på Frida Kahlos verk "The Wounded Deer" från 1946 där Frida har gestaltat sig som en hjort i skogen träffad av jägarnas pilar. Precis som i Clarks verk är hjortens ansikte mänskligt, i det här fallet ett självporträtt av Frida.

Att kombinera ihop olika delar av djur och människor till nya fantasifulla och fasansfulla kreationer är en gammal idé och det finns många exempel på det inom konsten och litteraturen. Minotauren (människa med tjurhuvud), Kentauren (människa med hästkropp), Sfinxen (lejon med människohuvud), Sjöjungfrun (fisk med överkropp av en människa) för att nämna några.

Man skulle kunna säga att dessa skapelser är surrealistiska och en av surrealismens främsta konstnärer Salvadore Dali har också bidragit med att skapa fantasifulla djur. I målningar som "The Temptation of Saint Anthony" (1946) ser vi elefanter som bär olika arkitektoniska konstruktioner på sina ryggar, men det mest surrealistiska är deras långa spindelliknande ben som de kliver omkring på. Även i målningen "Celestial Ride" (1957) föreställande en noshörning, kanske inspirerad av Dürers grafiktryck, hittar vi också de långa tunna spindelbenen och i kroppen finns en TV som visar en basebollmatch.

När jag ser alla dessa bilder och konstverk så kommer jag att tänka på Newt Scamander, huvudpersonen i filmen "Fantastiska vidunder och var man hittar dem" (2016) efter J. K. Rowlings roman. Newt Scamander är en magizoologist som försöker rädda och bevara hotade magiska varelser som Niffler, Erumpet och Obscurus. Han förvarar alla dessa fantastiska varelser i en magisk resväska. Öppnar man väskan kan man gå nedför en lång trappa och besöka Scamanders laboratorium och en enorm park där han föder upp sina märkliga djur och håller dem i säkert förvar. Scamanders resväska blir som en metafor för vår fantasi där vi kan skapa alla dessa påhittade varelser som fascinerat och skrämt oss genom historien. Ibland smiter de ut från väskan, precis som i filmen, och blir till fantastiska och skrämmande bilder, berättelser och filmer.

Det grymma havet

På stranden ligger den lilla pojken i vattenbrynet. Det ser ut som om han sover. Fotografiet av treårige Alan Kurdis döda kropp som spolades upp på en turkisk strand 2015 blev en väckarklocka för världen om den pågående flyktingkatastrofen i Syrien. Medelhavet har under åren fått det föga smickrande smeknamnet "Dödens hav" efter alla de flyktingar som har mist livet på sin färd till Europa i vingliga, överfulla gummibåtar. För havet är grymt och obarmhärtigt, ja, redan i den antika litteraturen berättas det om Medelhavet som ett dödens hav, för inte ens Odysseus erfarna besättning lyckades överleva seglatsen över havet från krigets Troja. En efter en dukade de under längs vägen.

Den kinesiska konstnären Ai Weiwei har i flera konstprojekt engagerat sig och uppmärksammat båtflyktingarnas situation. 2016 återskapade han fotografiet av Alan genom att placera sin egen kropp, i samma position som den drunknade pojken, i vattenbrynet på ön Lesbos i Grekland. I ett annat projekt klädde han in pelarna på Berlins konserthus med 14.000 flytvästar och i många andra installationer återvänder han till gummibåtar och flytvästar. För vill man visualisera de senaste årens flyktingströmmar över Medelhavet så är överfulla gummibåtar och berg av orangea flytvästar som tornar upp sig på stränderna talande bilder.

Båtflyktingar har det funnit gott om under historiens gång. Det är kanske inte så konstigt, med tanke på att 70% av vår planet består av vatten. Vill man fly måste man förr eller senare bege sig ut på havet. Om det så är flyktingar från Indonesien som försöker nå Australiens kust eller svenska immigranter som flyr 1800-talets svält och fattigdom över Atlanten till USA.

Det finns många exempel på hur flykten över havet skildrats i konsten, men jag väljer några verk som är gjorda inom den genre som benämns Game Art, dvs konstverk inspirerade av dataspelens estetik. 1996 skapade den italienska konstnären Antonio Riellos konstverket "Italiani Brava Gente". Det är ett enkelt dataspel som inspirerats av det klassiska arkadspelet Space Invaders. Spelet har sin bakgrund i en politisk kontext där det i slutet av 1990-talet kom en hel del båtflyktingar från Albanien till Italien. Den ironiska titeln betyder "Italienare är goda människor", en vanlig populistisk fras som användes av media för att beskriva den italienska folksjälen och hur toleranta italienare är mot andra människor och kulturer, något som Riello inte kände igen när det gäller mottagandet av de albanska flyktingarna. I spelet ska man försöka sänka så många albanska flyktingbåtar som möjligt innan de landstiger på den italienska kusten. De albanska flyktingarna blir de okända utomjordingarna som försöker invadera och förstöra den italienska kulturen och som därför måste bekämpas precis som i dataspelet Space Invaders.

Ett annat exempel som är mer samtida är den kubanska konstnären Rewell Altunagas "Elegia" från 2015 som är ett videoverk inspelad i dataspelet Battlefield 4. Verket kastar in betraktaren mitt i ett oroligt hav med hotande mörka moln vid horisonten. Altunga vill rikta uppmärksamheten på och hedra alla de män och kvinnor som i rangliga båtar och flottar lämnade Kuba för att söka lyckan i USA. 1994 beslöt Fidel Castro att inte längre hindra någon från att försöka ta sig från Kuba. Resultatet blev den så kallade Balsero-krisen då stränderna längs Kuba fylldes av optimistiska flottbyggare (spanskans balsero). Man beräknar att runt 30.000 kubaner gav sig iväg i en strid ström på vingliga farkoster mot den amerikanska kusten. Hur många som drunknade på vägen vet man inte. För havet är och har alltid varit en grym moder eller för att citera inledningsorden från krigsfilmen "Det grymma havet" från 1953, som handlar kampen mellan engelska fartyg och tyska ubåtar på Atlanten under andra världskriget:

"The men are the heroes; the heoines the ships. The only villain is the sea, the cruel sea that man has made more cruel."

Jeff Koons måste dö!!! och andra arkadspels baserade konstverk

En gång i tiden fanns de överallt. De fyllde spelhallar, köpcentrum och gatukök med sina blinkande lampor och lockande, pockande ljud. Arkadspelen var under 1980-talet spelintresserade ungdomars enarmade banditer, där man kunde sitta i timmar och mata in mynt efter mynt med förhoppning om att hamna högst upp på topplistan.

Sedan kom den stora arkaddöden på 1990-talet. Spelkonsoler och hemdatorer flyttade spelandet från det offentliga rummet in i det privata hemmet. På bloggen arcadeblogger.com finns en läsvärd artikel med vackra och tragiska fotografier av arkadspel som lämnats vind för våg i olika lokaler för att förfalla och dö, bortglömda och omoderna.

Under de senaste åren har dock arkadspelen fått en renässans och skaffa sig något av en kultstatus. Eldsjälar har samlat och renoverat de gamla spelen och det finns flera stora museer och arkadhallar i USA som vårdar detta kulturarv. Det finns också konstnärer som har återvänt till estetiken och känslan hos arkadspelen. Förutom själva spelen är man lika intresserade av arkadkabinettet, de stora, otympliga möblerna (eller kanske en bättre beskrivning är skåp) där spelen var monterade. Dessa kabinett har man modifierat, byggt om, lagt till nya funktioner, så att arkadspelet kan betraktas som ett konstobjekt.

Ett av de första exemplen på hur en konstnär använt ett arkadkabinett i ett konstverk är från 1983. Det var den amerikanska performancekonstnären Michael Smiths vars alter ego "Mike" fick ge namn åt spelet "Mike Builds a Shelter". Spelet skapades på en Commodore 64 och monterades sedan in ett gult arkadkabinett. I spelet gällde det för Mike att bära ner tre stycken betongblock i källaren och bygga klart sitt skyddsrum innan atombomben träffar huset. Arkadspelet ingick i en utställning som handlade om rädslan för atomkrig och hur amerikanska medborgare bunkrade förnödenheter och byggde sina egna skyddsrum i källaren.

Utformningen av arkadkabinetten var viktig. Det gällde att göra själva skalet så attraktivt och spännande som möjligt så att de kunde locka spelare och konkurrera med alla andra spel i spelhallen. Därför var ibland designen av möbeln snyggare och intressantare när det gäller det estetiska än själva spelet. År 2000 gjorde konstnären Rita McBrides en utställning med namnet "Machines" där hon undersökte formen hos arkadkabinetten. Utställningen bestod av ett antal vita skulpturer, där hon tagit bort färg, text, lampor, ljud, bild och teknik från arkadkabinetten. Kvar blev bara ett vitt tomt skal, ett minimalistiskt verk som koncentrerar sig på själva formen. Trots det kan alla som sett och upplevt arkadspelen känna igen formen och drabbas av en nostalgisk känsla.

En annan som använt arkadspelens estetik för att skapa ett nytt verk med en samtida kontext är den amerikanska konstnären Hunter Jonakin med spelet "Jeff Koons Must Die!!!". Jonakin har byggt ett arkadkabinett med 80-talskänsla med en joystick och två knappar. Spelet är en First Person Shooter, där du går omkring med ett vapen i ett konstmuseum och har som mål att förstöra alla konstobjekt som Koons har skapat medan vakter och kuratorer attackerar dig. Koons blev känd för sina banala och kitschiga verk av till exempel ballongdjur som han lät tillverka i jätteformat av polerat stål eller skulpturer föreställande Michael Jackson med hans apa Bubbles.

Ett klassiskt arkadspel som "Space Invaders" kan också modifieras så att det blir ett politiskt och feministisk konstverk. Den sydafrikanska konstnären Nadine Hutton byggde ett arkadspel med namnet "Skirt invader" (2010). I spelet måste den kontroversiella sydafrikanske presidenten Jacob Zuma skjuta ner en invasion av jungfrur från Zulu stammen som hotar att skapa en skandal. Zuma blev under sin tid som president känd som polygamist och för att han bland annat uttryckte sin skeptisk över farorna med AIDS. I Huttons verk samsas spelglädjen med ett kritiskt politiskt budskap.

I OutRun (2009) har konstnären Garnet Hertz modifierat det populära bilspelet från 1980-talet genom att använda sig av det senaste inom dagens spelteknik. OutRun var ett arkadspel som bestod av en röd bil, som skulle påminna om en Ferrari

Testarossa, som du satt i medan du körde bilen på skärmen framför dig. Hertz har installerat en motor och gjort det möjligt att köra bilen på en riktig väg. Genom att använda argumented reality, som kombinerar den riktiga världen med den virtuella världen, skapas en spelvärld på skärmen som byggs upp med hjälp av data från GPS-koordinator och en karttjänst. Bilden på skärmen har kvar ursprungskänslan av 1980-talets grafik. På så sätt får arkadspelet ett nytt liv, spelestetiken från 1980-talet finns kvar, men kontexten och teknik är samtida. Det är också ett verk som undersöker gränsen mellan vad som är verkligt och vad som är virtuellt, en gräns som blir allt mer otydlig när nya tekniska landvinningar kommer in i vår vardag.

Spegelvärldar – den självreflekterande konsten

"I used to live in a room full of mirrors / All I could see was me / Then I take my spirit and I smash my mirrors / And now the whole world is here for me to see".

Jimi Hendrix textrader i låten "Room Full of Mirrors" fångar på många sätt upp spegelns betydelse i konsten. Spegeln symboliserar en form av narcissistisk självreflektion men den kan också användas för att spegla omgivningen och världen.

Myten om Narcissus, den vackre ynglingen som blev förälskad i sin egen spegelbild, är ett populärt motiv i konsten. Självupptagenheten av den egna selfien är också ett tema som är aktuellt i vår egen samtid. På Caravaggios målning från cirka 1599 ser vi hur Narcissus hänförd stirrar ner på sin egen spegelbild i en mörk skogstjärn. Under olika epoker har motivet skildrats i olika stilar som John William Waterhouse prerafaelitiska målning "Echo and Narcissus" (1903) till Salvador Dalís surrealistiska målning "Metamorphosis of Narcissus" (1937). Det som är gemensamt för alla dessa konstverk är Narcissus spegelbild som reflekteras i vattenytan.

Förutsättningen för att man som konstnär ska kunna måla ett självporträtt är också att man har en spegel som man kan titta i. Du har kanske noterat att blicken hos konstnären i självporträtten nästan aldrig är riktad rakt fram mot betraktaren utan sneglar åt sidan. Det beror på att konstnären har tittat i en spegel som stått bredvid honom när han målat av sig själv. I Johannes Gumpps målning "Självporträtt med spegel och staffli" (1646) ser vi hur detta fungerar i verkligheten. I målningen återfinns konstnären i tre versioner. Längst fram i bilden står han med ryggen mot betraktaren, på staffliet håller han på att måla sitt självporträtt och i spegeln ser vi hans spegelbild nästan i profil.

Salvador Dalí gjorde runt 1974 också ett självporträtt med en spegel. Målningen visar hur konstnären sitter längst fram i bilden på en stol framför sitt staffli. Framför spegeln sitter en kvinna med ryggen mot betraktaren. Både kvinnan och Dalis ansikten reflekteras i spegeln, så spegeln med sin ram blir den plats där själva självporträtten strålar samman. Spegeln i tavlan kan på ett intressant och lekfullt sätt berätta om något som du egentligen inte kan se i bilden. Om inte spegeln hade funnit i Dalis målning så hade vi bara sett personernas ryggar.

I samtidskonsten används spegeln främst i installationer för att bygga upp rum och skapa illusioner. Konstnären verkar nästan som en trollkarl som använder sig av speglar för att lura vår syn. Utanför Luleå ligger Treehotel som erbjuder sina gäster boende i speciellt utformade kabiner uppe bland träden. Ett av rummen man kan hyra kallas "The mirror cube" och består av en kub med spegelväggar på utsidan som kamouflerar stugan och nästan får den att försvinna bland trädtopparna. I alla fall skapas illusionen av att kuben svävar uppe bland träden.

Samma princip har Phillip K Smith III använt när han byggde sin stuga i nationalparken Joshua Tree i Kalifornien. På stugans fasad har varannan horisontell bräda på huset byts ut mot speglar. Även dörr och fönster består av speglar, så det skapas en illusion av att brädorna på fasaden hänger i luften och huset nästan är genomskinligt. Ännu ett exempel på spegelhus är konstnären Doug Aikens byggnad som också återfinns i Kalifornien. Huset är inspirerat av arkitekten Frank Lloyd Wright och har en fasad av speglar vilket skapar en känsla av en hägring där det ligger och "dallrar" i ökenlandskapet.

Som konstnär kan man också använda spegeln som en målarduk. När Daniel Kukla uppehöll sig under mars månad 2012 i Joshua Tree, fascinerades han av landskapets växlingar. Han fångade in dessa naturmotiv genom att använda ett staffli och en spegel, där naturen reflekteras i spegeln. Sedan fotade han av spegeln och staffliet i naturen. Det intressantaste i Kuklas motiv är inte vad vi ser framför oss utan det som finns bakom oss och som reflekteras i spegeln.

På samma sätt använder Anish Kapoor spegeln som en målarduk i sitt offentliga verk "Sky Mirror". Det består av en sex meter bred konkav spegel som är riktad mot himlen och som fångar upp och speglar vad som händer ovanför oss. Den har bland annat installerats nedanför Rockefeller Center i New York där den speglar skyskrapans torn och himlen ovanför. Himmelsspegeln blir ett ständigt växlande konstverk som förändras medan molnen drar förbi på himlen.

Listan på konstnärer som använder sig av speglar kan göras lång. Man kan nämna Jeppe Hein som bland annat skapat en spegellabyrint i New York som består av smala speglar som är uppsatta i tre kurvor som går in i varandra. Precis som Kapoors spegel reflekteras New Yorks skyline i labyrinten men den skapar också en fragmenterad och förvirrande verklighet för besökaren. Att skaka om betraktarens självbild är något som återkommer i Heins spegelverk. I "Mirror canvas" (2011) har konstnären använt sig av spegelfolie med diagonala veck som skapar en störd vågliknande reflektion i spegeln. Verket anspelar på konstnärens Lucio Fontanas serie med målningar från 1950-talet där Fontana gjorde snitt i målarduken för att på så sätt skapa en tredimensionell yta av en platt målarduk. Även i Heins "Mirror Wall" (2010) skakas verkligheten bokstavligen om när du tittar in i spegeln. Spegeln börjar nämligen vibrera när du står framför den och skapar på så vis en suddig och obeständig reflektion av verkligheten.

Men drottningen av spegelvärlden är nog den japanska konstnären Yayoi Kusama som förutom sina prickar har gjort sig känd för sina många spegelinstallationer. Redan 1965 skapade hon verket "Infinity Mirror Room — Phalli's Field" i New York. Installationen bestod av ett spegelrum som skapar en oändlig reflektion av ett rum fyllt med polkaprickiga fallossymboler.

Kusamas spegelinstallationer är som gjorda för att tillmötesgå dagens besökares omättliga behov att ta en selfie, det vill säga om du hinner, för hennes verk är ofta så populära att museerna begränsar tiden på hur länge besökaren kan stanna i spegelvärlden. En besökare som nyligen besökte Hirshhorn Museum i Washington blev lite för ivrig över att föreviga sig själv att han snubblade och föll på en av Kusamas keramikskulpturer av en glödande pumpa som gick sönder. Hela händelsen påminner om myten om Narcissus som var så självupptagen att han blev förälskad i sin egen spegelbild och glömde världen omkring sig, eller för att åter citera Jimi Hendrix: *"I used to live in a room full of mirrors / All I could see was me / "*

Öar som inte finns

De är nästan alltid insvepta i en mystisk dimma som Skull Island där jättegorillan King Kong härskar, eller ön Themyscira, Amazonernas hemvist enligt filmen *Wonder Woman* (2017). De fiktiva öarna är många i litteraturen och konsten.

En ö är omringad av vatten, avskuren från omvärlden. En perfekt plats för experiment och dramatiska händelser eftersom huvudpersonerna har svårt att ta sig från platsen. På de fiktiva öarna hittar vi både utopiska samhällen som i Thomas Mores bok om ön *Utopia* från 1516 eller Daniels Defoes berättelse om de skeppsbrutna *Robinson Kruse* (1719) som får använda upplysningsmänniskan alla positiva egenskaper för att överleva på sin öde ö. Sedan finns det de dystopiska öarna. I *Flugornas Herre* (1954) deltar de strandsatta barnen i ett socialt experiment med dystopiska visioner om människans möjlighet att samarbeta och överleva på en öde ö, och i *Jurassic Park* (1990) leker människan gud på en karibisk ö när man återuppväcker och klonar dinosaurier, ett brott mot naturen som naturligtvis inte faller väl ut. Vad som utspelar sig på den fiktiva ön förändras under historiens gång beroende på vilka idéer som är aktuella och diskuteras i samtiden.

Konstnären Agnieszka Kurants har på kartan *Political Map of Phantom Islands* (2011) samlat öar som under historien varit utmärkta på riktiga kartor men som efter närmare efterforskningar tagits bort då de aldrig existerat. Det är alltså fiktiva öar som på något sätt har haft en verklig betydelse för samhället och ekonomin. På kartan finns alla hav utsatta och de påhittade öarna. De verkliga landmassorna och kontinenterna har däremot raderats ut. Det mytomspunna Atlantis ligger som en stor avlång ö mitt ute i Atlanten. Platon beskriver Atlantis, i dialogen Timaios, som ett högteknologiskt och blomstrande samhälle. Ön försvann spårlöst efter en stor katastrof, men har diskuterats och refereras till av många politiker och samhällsdebattörer genom tiderna.

På kartan hittar man också landområdet Lemuria som ska ha legat i Indiska oceanen. Det användes av den brittiske zoologen Philip Sclater i mitten av 1800-talet för att försöka förklara förekomsten av vissa primatfossiler i Indien och på Madagaskar men inte i Afrika. En okänd landmassa skulle enligt Sclater en gång i tiden ha förenat Indien och Madagaskar. Han klassificerade primaterna i gruppen och gav dem namnet Lemurer efter landområdet, en beteckning som används än idag för att beskriva primatgruppen som lever på Madagaskar.

Kurants har färgkodat öarna på kartan efter de nationer som åberopat territoriet. Atlantis tillhör Grekland, men många andra av öarna tillhör forntida kolonialmakter som Holland, England och Frankrike. Under den koloniala kapplöpningen utforskades de sju haven och nya landområden upptäcktes men också öar som egentligen inte fanns. Om det berodde på optiska illusioner eller dåliga kartritare eller att man helt enkelt fantiserade ihop en landmassa för att öka landets koloniala landområden i jämförelse med konkurrenterna är svårt att veta. Dessa fantomöar fick en politisk och ekonomisk betydelse eftersom de länge betraktades som verkliga innan nyare forskning kunde avfärda dem från kartan.

I boken *The Phantom Atlas: The Greatest Myths, Lies and Blunders on Maps* har författaren och kartsamlaren Edward Brooke-Hitching gått igenom gamla kartor och berättar historierna bakom många av de påhittade och fantasifulla landmärken som en gång i tiden togs för sanning av sin tids människor.

Ett mer samtida exempel är Sandy Island, som var ungefär lika stor som Manhattan och som låg utanför Australiens östkust. Ön ritades in på kartan 1908, men anses ha upptäckts av ett valfångstfartyg redan 1876. 2012 passerade ett australiskt fartyg området och oupptäckte ön. Efter noggranna undersökningar kom man fram till att ön helt enkelt inte fanns och den togs bort från kartorna. Var tog ön vägen? Eroderade den ut i havet eller sjönk på grund av stigande havsnivåer? Vi vet att många öar som idag finns utmärkta på kartorna om hundra år kommer att verka lika mytologiska och mystiska som Atlantis. Det behövs inga undergångs katastrofer utan bara en långsam höjning av havsnivån med en halv centimeter per år för att de ska försvinna ner i havet.

Phantom Island är också namnet på den kinesisk födda konstnären Jun Yangs film från 2009. Filmen handlar om en konstgjord liten ö som transporteras genom en stad och som sedan släpps ut i havet där den flyter iväg. Filmens sluttext lyder: "Phantom Island was filmed in the East China Sea, off Taiwan; in the territory between P.R. China, R.China (Taiwan) and Japan." Det är en politisk laddad ö som flyter iväg på en territorialt infekterad plats. Ön har formen av Taiwan som är en nation som enligt Kina inte existerar. Taiwan är för Kina en fiktiv ö-nation, en nation som man inte erkänner. I det sydkinesiska havet pågår också flera andra konflikter om ögrupper som flera länder gör anspråk på.

Annars är en av konsthistoriens mest kända öar förmodligen konstnärens Arnold Böcklins suggestiva målning *Dödens ö*. På målningen ser man en roddbåt med en kista och en vitklädd figur i fören som närmar sig *Dödens ö*. Det är en liten ö med branta klippor på sidorna och höga gröna cypresser i mitten. En begravningsplats dit man förs med båt precis som Karon, den antika färjkarlen, för de döda över floden Styx till andra sidan.

Det har diskuterats om Böcklin haft någon verklig förebild till *Dödens ö* men det är förmodligen som i många andra liknande fall en kombination av inspiration från verkligheten och konstnärens egen fantasi. Idag kan vi ganska lätt med hjälp av satelliter och GPS undersöka och avfärda all nya anspråk på nya fiktiva öar från den verkliga kartan. Men det finns fortfarande ett stort behov att ibland fly undan till en fantasi ö. Film, litteratur och konst kan på många sätt tillfredsställa vårt behov av fiktiva öar, men dataspelen ger oss också en ny möjlighet att skapa och utforska nya världar.

Med avancerade datorprogram kan man bygga upp verklighetstrogna 3D-miljöer, med kustlinjer, växtlighet, berg och skogar. Idag kan vem som helst skapa en egen paradisö eller en dystopisk mardröms ö. Dataspel som *Myst* (1993), *Tropico* (2001) och *Far Cry* (2012) är bara några exempel på spel som utspelar sig på fiktiva öar i virtuella världar. Man skulle kunna säga att dataspelstillverkarna har tagit över vår fascination för äldre tiders kartografers mytologiska inslag och fantasifulla misstag på kartorna.

Den sjunkna konststaden

Det är svårt att inte dra parallellen med den antika myten om Atlantis och dagens Venedig, detta kulturella konstmecka som hela tiden hotas av att sjunka ner i havet, och som i november dessutom drabbades av allvarliga översvämningar mitt under den 58:e Venedigbiennalen.

Passande nog var klimathotet ett tema för årets biennal. Den italienska konstnären Lorenzo Quinn medverkade redan 2017 med ett verk som bestod av ett par jättestora händer som sträckte sig ur kanalen och stöttade upp ett av Venedigs sjunkande hus. I år återkom Quinn med sex par jättehänder som symboliserade brobyggande mellan människor och generationer och som var en påminnelse till politikerna att börja agera i klimatfrågan.

Men nu var det inte samtidskonsten som i första hand drabbades av översvämningarna i Venedig. Den är precis som alla biennalbesökarna bara en temporär turist i staden och kommer snart att packas ihop och fraktas vidare till nästa internationella konstbiennal. Istället är det de historiska byggnaderna och den permanenta konsten som man oroar sig för ska ta skada av det smutsiga saltvattnet som trängt in i byggnaderna.

För det är inte bara människor som befinner sig i riskzonen när havsnivåerna stiger. Många berömda konstmuseer ligger vid floder eller i närheten av havet och riskerar att översvämmas i framtiden. Förra året svämmade floden Seine över i Paris efter ihärdig regnande. Då var det museet

Louvren som var i farozonen och ovärderlig konst fick flyttas i säkerhet.

Översvämningar har följt människan genom historien och avbildats i konsten från den bibliska syndafloden till dagens smältande polarisar. Gatukonstnären Isaac Cordal, som ställt ut i Sverige på bland annat Open Art Örebro 2013, uppmärksammar klimatförändringen med sinar små gubbar som han ställer ut i stadsrummet. I verket *Waiting for climate change* står Cordals små gubbar och väntar på den stigande havsnivån rustade med badring och mobiltelefon eller så har de redan vatten upp till hakan utplacerade i en vattenpöl.

Den danska konstnärsgruppen Superflex har också tagit sig vatten över huvudet när de 2009 skapade en replika av en McDonalds hamburgerrestaurang. De lät lokalen översvämmas av vatten medan hela händelsen filmades. Med filmen *Flooded McDonald's* ville Superflex sätta fokus på hur multinationella företag och den ökande konsumtionen bidrar till klimatförändringarna. I filmen lättar McDonalds clownen ankar och seglar iväg över ett hav av pommes frites och hamburgare.

Med dagens teknik behöver man inte förstöra en hel lokal för att skapa liknande effekter utan det går att skapa virtuella översvämningar något som konstnären Mel Chin utnyttjar i verket *Unmoored* (2019). *Unmoored* är en app som skapar en virtuell verklighet där du kan vandra omkring på botten av det översvämmade Times Square i New York. Ovanför, på ytan seglar ett myller av båtar, för även i framtiden när New York och deras konstmuseum ligger under vatten kommer det att vara mycket trafik på stadens vattenvägar. I Venedig har detta scenariot redan inträffat för här är det båt eller gondol som gäller för den som vill förflytta sig längs vattenvägarna. För frågan är inte när, utan hur länge det dröjer innan konststaden Venedig gör Atlantis sällskap på havets botten.

Det filtrerade jaget – Instakonstnären i selfielandet

Cindy Sherman överraskade konstvärlden när hon 2017 gjorde sitt Instagramkonto publikt och började lägga ut bilder på sina olika persona. Ändå sedan genombrottet med fotoserien *Untitled Film Stills* (1977-80), där hon skapade svart-vita fotografier av fiktiva filmscener inspirerade av regissörer som Alfred Hitchcock, har Sherman varit en pionjär när det gäller att utforska identitet och kön inom fotokonsten.

Shermans konstnärskap påminner mycket om det vi idag ser på sociala medier, där människor använder olika appar och filter för att experimentera med sin identitet. De flesta har förmodligen provat några av de olika filter som finns till Instagram, Facebook eller Snapchat och bytt ansikte med en vän, förvandlat sig till en hund eller undersökt hur man skulle sett ut om man tillhörde det andra könet.

Tekniken som används kallas för AR (Augmented Reality) och gör det möjligt att lägga på olika lager eller ansiktsfilter på kamerans bild. Jessica Herrington som är konstnär och forskare inom neurovetenskap i Australien har intresserat sig för varför vi är så intresserade av att använda ansiktsfilter på till exempel Instagram. Jessica skapar själv, precis som många andra konstnärer, egna ansiktsfilter till Instagram för att undersöka identitet, kön och utseende hos användaren.

Instagram är en app som lockar millenniumgenerationen, unga människor som idag är mellan 18-24 år, vilket är en ålder då identitetutforskning är en viktig del av utvecklingen. Neurovetenskapligt utgör ansikten en viktig del för vår förståelse av omvärlden. Redan när vi är spädbarn engagerar ansikten oss, så att ta selfies och använda ansiktsfilter när man blir äldre triggar och intresserar helt enkelt vår hjärna.

För konstnärer som Jessica Herrington ger Instagram och olika ansiktsfilter henne en möjlighet att interagera med en ny publik som kanske inte besöker museerna i vanliga fall. Det är också en konstform som är lättillgänglig och finns i din ficka och som är billiga att utveckla. Konstnären presenterar inte heller något färdigt konstverk, utan snarare ett interaktivt verktyg som kan användas för att utforska identitet.

Nackdelen med stora kommersiella plattformar som Instagram är att man som konstnär är beroende av plattformens tekniska begränsningar och de regelverk som företagen har satt upp för vad som får publiceras, vilket i längden kan leda till självcensur för att inte riskera att få sitt konto blockerat eller borttaget. Men trots det skapar AR-tekniken många möjligheter för konstnärer att utforska identitet på nya sätt och det finns en hel selfie-generation som gärna hänger med på upptäcktsresan och delar med sig av sina upplevelser.

GauGAN andra artificiella konstnärer

Sex konstnärer fick i uppdrag att skapa ett verk som var inspirerat av en samling med amerikanska abstrakta expressionister. En av deltagarna kallade sig för Cloudpainter och var en AI (en artificiell intelligens) som fick träna på samma material som de riktiga konstnärerna. Frågan är om du skulle kunna lista ut vilken tavla som var målad av en maskin?

Svaret är att det kan du inte. De senaste åren har AI tagit stora kliv framåt och finns nu integrerad i alla möjliga applikationer och funktioner i vårt samhälle. AI har blivit väldigt bra på att utifrån stora datamängder lära sig förstå, tolka och hitta mönster och samband. Finns det bara ett tillräckligt stort underlag i form av abstrakta tavlor så kan en AI utan problem lära sig att måla abstrakt konst.

Robbie Barrat är en amerikansk konstnär som använder AI för att skapa konst. Barrat har skapat en algoritm som en AI sedan har använt för att analysera 1000-tals konstverk av nakna människor ur konsthistorien. Ställer du målningarna som AI:n skapade bredvid målningar av den brittiska konstnären Francis Bacon kan det för ett otränat öga var svårt att se skillnaden. Både Bacon och AI:n målar förvrängda köttiga nakna människokroppar. Barrat har gjort algoritmen tillgänglig via öppen källkod, vilket den franska konstnärsgruppen Obvious har utnyttjat för att skapa en porträttserie av den fiktiva släkten Belamy.

Obvious lät en AI träna sig på ett tusental porträtt från 1500- och 1600-talen och sedan började AI:n skapa porträttkonst. Ett av verken "Portrait of Edmond Belam" såldes 2018 för den osannolika summan $432,500 på auktionshuset Christie's. Tavlan är signerad med den algoritm som användes för att skapa verket. För tillfället är det en hype i konstvärlden och på konstmarknaden för AI-skapad konst. Det ska väl kanske tilläggas att även om det är en AI som skapar konsten är det människor som väljer ut vilken algoritm som ska användas och vilket material den ska träna sig på. Det material som man använder för att träna en AI med är i sig själv problematiskt. Eftersom konsthistorien till största del består av konst skapad av västerländska vita män så kommer en AI att lära sig att bli duktig på att skapa konst som liknar den som är skapad av vita män. Vilket gör att kvinnliga och icke-västerländska kulturers perspektiv saknas i den samtida AI-konsten och att man riskerar att upprepa historiens misstag att exkludera vissa grupper.

Det finns många användningsområden där man kan använda sig av AI inom konsten. En AI kan analysera stora mängder data och till exempel hitta nya samband och kopplingar mellan olika verk och konstnärer som konsthistorikerna missat. Du kan också träna en AI att bli en ny Rembrandt. I projektet "The Next Rembrandt" lät en grupp forskare en AI studera Rembrandts porträttkonst och sedan skapa ett helt nytt porträtt som skrevs ut med hjälp av en 3D-printer för att efterlikna Rembrandts penseldrag. AI:n kom fram till att porträttet skulle föreställa en vit man med ansiktsbehåring, vara mellan 30 och 40 år gammal, med svarta kläder, vit krage och hatt, som tittade åt höger. Ser man tavlan så tänker man att det här kan nog vara en tavla av Rembrandt.

I framtiden kommer AI att kunna användas för att restaurera målningar och återskapa förlorade eller skadade konstverk. Istället för att en människa ska sitta och fylla i olika pigment och återskapa en skadad målning kan en AI och robot i framtiden sköta jobbet. Tekniken kommer med all säkerhet även att missbrukas och användas av konstförfalskare för att skapa trovärdiga förfalskningar, men en AI kan å andra sidan på samma sätt användas för att analysera konstverk och mycket snabbare än idag avgöra om det är en förfalskning eller en äkta tavla.

Ett annat användningsområde av AI inom konsten är att skapa nya verktyg för att skapa bilder. På sidan thispersondoesnotexist.com ser du fotografier av människor som inte finns. Varje gång sidan laddas om ser du en helt ny person. Det är helt omöjligt att avgöra om det är en riktig person eller inte. Bakom projektet hittar man NVIDIA, ett företag som är känt för att skapa grafikkort, men som även har en stor forskningsavdelning som riktar in sig på AI.

NVIDIA har också skapat verktyget GauGAN, som är en ordlek bestående av konstnären Paul Gauguin och GAN som är en förkortning för Generative Adversarial Network, där två neurala nätverk tävlar mot varandra och lär sig av varandra för att hela tiden bli bättre. GauGAN är ett verktyg där även den mest obegåvade kan skapa helt realistiska miljöer bara genom att rita olika färgfält. Du väljer en textur som jord, himmel, skog eller vatten. Målar ett blått fält, ett grönt, en blå rand och så vidare, och sedan skapar AI:n ett fotorealistiskt landskap av dina färgfält.

Istället för att ägna timmar i Photoshop för att skapa landskap, personer eller miljöer kan man låta en AI göra samma jobb och bara ställa in vilken typ av landskap eller person som man vill att den ska skapa. Användningsområdet hittar man kanske främst inom reklam-, film- och dataspelsindustrin där man har behov att automatiskt kunna skapa stora mängder bakgrunder och personer. Men precis som Photoshop skapade en generation av konstnärer som arbetade på ett helt nytt sätt med bilder som kommer framtidens AI-konstverktyg att skapa nya konstnärliga uttryck och bilder.

Rembrandt i den virtuella världen

Den holländska konstnären Rembrandt van Rijn är ett bra exempel på hur konsthistorien tagit klivet in i den digitala världen. Mauritshuis museet i Haag har producerat AR-appen "Rembrandt Reality" där man har återskapat Rembrandts berömda målning "Doktor Tulps anatomilektion" i 3D.

AR (Augmented Reality, eller översatt till svenska- förstärkt verklighet) är den teknik som mobilspel som Pokemon Go och andra appar använder för att till exempel lägga på ett kattansikte på ditt ansikte i mobilkameran. AR lägger helt enkelt på extra lager på verkligheten som du ser i din mobilkamera. Tekniken kan också användas för att placera ut konst i ditt vardagsrum.

Rembrandts målning som skapades 1632 visar hur dr Nicolaes Tulp inför en skara nyfikna åhörare obducerar en kropp och demonstrerar hur en muskel fungerar. När du startar appen, skannar du först av golvet framför dig för att kunna placera ut en portal i rummet. Nu kan du med mobilens kamera förflytta dig in i portalen och in i målningen där du obehindrat kan studera Rembrandts berömda tavla på nära håll från alla vinklar och vrår.

Vill du ha en mer omslutande upplevelse av Rembrandt kan du använda ett par Oculus GO, som är ett VR-headset, och appen "Meeting Rembrandt: Master of Reality". Här har man återskapat Rembrandts hus i Amsterdam med hjälp av VR (Virtual Reality). Ditt besök börjar på gatan i dagens Amsterdam, men snart förflyttas du tillbaka till 1600-talet och när du kliver in i byggnaden får du möta Rembrandt i hans ateljé. Upplevelsen är inte så interaktiv, du kan se dig runt i miljöerna genom att vrida huvudet, men upplevelsen följer ett manus där Rembrandt pratar med dig och så småningom tar dig med ut på gården där han visar upp målningen han håller på att färdigställa, som är "Nattvakten".

Målningen "Nattvakten" är förresten på tapeten i år eftersom Rijksmuseum i Amsterdam under 2019 kommer att genomföra en av de största undersökningarna och restaurationerna av tavlan i modern tid. Den här formen av undersökningar brukar ofta ske bakom lyckta dörrar, men museet har istället valt att bjuda in allmänheten till "Operation Night Watch" där man kan följa hela processen.

Tavlan har placerats i en glasmonter på museet där experterna som arbetar med uppdraget är synliga för alla besökare. Kan du inte besöka museet så streamas delar av arbetet på nätet. "Operation Night Watch" är ännu ett exempel på hur museerna använder den nya tekniken för att nå ut till publiken med sina samlingar och blir mer transparenta i sin verksamhet.

Rembrandts konstnärskap har också använts för att utforska kombinationen av AI (Artificiell Intelligens) och konst. I projektet "The Next Rembrandt" lät man en AI studera Rembrandts porträttkonst genom teknik från ansiktsigenkänning och sedan skapa en helt ny målning. AI:n kom fram till att det nya porträttet skulle föreställa en vit man med ansiktsbehåring, mellan 30 och 40 år gammal, med svarta kläder, vit krage och hatt, som tittade åt höger. När bilden var skapad använde man sig sedan av en 3D-skrivare för att skriva ut tavlan lager efter lager för att efterlikna Rembrandts penseldrag.

Även konstmuseet Louvren har hoppat på VR-tåget i samband med firandet av 500-årsminnet av Leonardo da Vincis död. Under hösten/vinterns stora utställning om da Vinci presenterar man VR-verket "Mona Lisa: Bakom glaset" där betraktaren får följa med in på Louvren och i en virtuell värld bättre lära känna da Vincis mest berömda målning: Mona Lisa.

VR-verket är gjort av företaget HTC-Vive, som är en av de stora aktörerna som utvecklar VR-headset för den kommersiella marknaden. Problemet är, som när det gäller mycket av dagens teknik, att varje företag utvecklar sin egen programvara och operativsystem så att verket inte fungerar på andra enheter. Du måste använda HTC-Vives VR-headset för att kunna uppleva "Mona Lisa: Beyond the Glass". Den fungerar inte på andra enheter eller i din smartphone, vilket begränsar allmänhetens tillgång till upplevelsen.

Ett sista exempel på hur konsthistorien blir digital är appen "Google Art and Culture" där Google har skapat AR-utställningen "Meet Vermeer". Google har digitaliserat Vermeers alla målningar. Det rör sig om 36 målningar från 18 olika museer i 7 olika länder. "Flicka med pärlörhänget" och "Musiklektionen" är två exempel på konstverk som du kan titta på hemma i ditt vardagsrum. Du öppnar upp appen och placerar sedan ut en miniatyr av hela utställningslokalen på ditt vardagsrumsgolv och sedan kan du med hjälp av mobilens kamera vandra omkring i utställningen. Närmare än så lär du inte komma konsthistorien idag.

Virtuella världar i fickan

I mitten av 1960-talet satt en uttråkad pojke vid sin skolbänk i New Mexico och bläddrade i en lärobok när han fick syn på Hieronymus Bosch målning "Lustarnas trädgård" (1490–1510). Konstverket gjorde så starkt intryck på honom att han blev helt uppslukad av målningen och började fantisera om hur det skulle vara om han kunde kliva in i Boschs fantasivärld och träffade alla dessa märkliga varelser som levde där. Jag vill gärna tro att det var den konstupplevelsen som inspirerade Jaron Lanier att senare i livet utveckla den teknik som vi idag kallar VR (Virtual Reality).

På 1990-talet gjordes de första kommersiella försöken med VR men framgången uteblev främst beroende på att tekniken inte riktigt var färdig, men de senaste åren har det hänt mycket inom VR-tekniken och nya användningsområden dyker hela tiden upp, inte minst inom konsten.

Under årets upplaga av Venedigbiennalen presenterade till exempel den franska konstnären Dominique Gonzalez-Foerster sitt första VR-verk med titeln "Endodrome". "Endodrome" är en VR-upplevelse där fem personer samtidigt kan stiga in en virtuell värld och uppleva ett seansliknande tillstånd där besökarna gör en meditativt rensa inåt. I "Endodrome" vill Gonzalez-Foerster utforska rummet och olika alternativa medvetandetillstånd som bygger på konstnärens egna upplevelser kring kognitiv trance. Till verket finns också ett tillhörande ljudlandskap som är utformat av musikern och författaren Corine Sombrun.

Konstnären Laurie Anderson och multimedia konstnären Hsin-Chien Huang har samarbetet under flera år. Under de senaste åren har de riktat sitt intresse mot VR-konsten. I verket "Chalkroom" finns det också inslag av det meditativa och att resa i inre rum. I "Chalkroom" vandrar besökaren genom en värld av ord, texter och berättelser. Väggarna består av svarta väggar fyllda med vit text vilket leder tankarna till gamla skoltavlor och krita. Du kan fritt utforska denna textbaserade poetiska värld under din vistelse och bli del i en virtuell berättelse.

Ett annat verk av duon är "To the Moon" där du som en astronaut landar på månens yta. Verket beskrivs som en andlig meditation om tiden vi lever i, där din vistelse på månen ska ge dig nya perspektiv på livet på jorden. De få människor som stått på månens yta och tittat på vår blå planet har efteråt sagt att det har förändrat deras syn på jorden och vår plats i universum. Frågan är om VR kan skapa samma effekt hos betraktaren?

Ett av de unga stjärnskotten inom VR-konsten är annars den amerikanska konstnären Rachel Rossin. Hon blev den första att få ett artist's resident hos New Museum i New York inom Virtual Reality, vilket resulterade i VR-konstverket "Man Mask" (2016). "Man Mask" ingår med flera andra VR-verk i gratisappen "First Look: Artists' VR" som du kan ladda ner till din smartphone.

Rossin är en konstnär som obehindrat rör sig mellan den virtuella och den verkliga världen. Hon blandar VR-verk med målningar på duk eller plexiglas som hon formar efter sin egen kropp. I verket "Man Mask" har hon inspirerats av dataspelet Call of Duty som hon gillar att spela och där använt sig av spelarnas kroppar och miljöer för att bygga upp en virtuell värld. Kroppar och deras förhållande till rummet är något som Rossini ofta utforskar i sina konstverk.

Daniel Birnbaum som förra året lämnade sin tjänst som chef för Moderna Museet arbetar nu för det Londonbaserade företaget Acute Art som specialiserat sig på VR och konst. På kort tid har Acute Art knutit till sig stora internationella konstnärer som Marina Abramovic, Jeff Koons, Anish Kapoor, Olafur Eliasson och svenska duon Nathalie Djurberg & Hans Berg och tillsammans med konstnärerna utvecklar Acute Art nya VR-verk.

Vi är vana att VR-verk bara kan upplevas på konstmuseum och att det ofta krävs dyra VR-headset för att kunna uppleva dem. Acute Art har istället satsas på mobilen som plattform och alla de konstverk som de har utvecklat tillsammans med konstnärerna kan man uppleva i sin smartphone genom att ladda ner deras gratis app och köpa sig ett par billiga VR-glasögon där du monterar in din mobil. VR-tekniken har idag blivit så billig och enkel att använda att konsten kan upplevas i den egna mobilen. Du behöver inte längre som VR-pionjären Jaron Lanier fantisera om att du kliver in i en målning, utan du laddar bara ner appen och stiger in i konstverket.

Salvador Dali är tillbaka - Deep Fake Art

-Jag är Salvador Dali och jag är tillbaka. Med tanke på att konstnären Salvador Dali varit död i 30 år låter repliken som tagen från en Science Fiction film eller kanske en skräckfilm? Tekniken bakom hans återuppståndelse kallas för Deep Fake News och ligger inte så långt från science fiction. Med hjälp av AI (artificiell intelligens) kan man idag väcka liv i döda personer och få levande personer, som en marionettdocka, att säga precis vad man vill i en videofilm.

Det är Salvador Dali museet i Florida som använt sig av tekniken för att skapa en interaktiv Salvador Dali som guidar besökarna runt i museet. Genom att analysera filmklipp, intervjuer och annat filmmaterial har en AI lärt sig Dalis mimik och kroppsspråk. Sedan har man använt sig av en skådespelare med Dalis kroppsform för att skapa filmerna. AI:n har sedan lagt på en ansiktsmask som är helt synkroniserad med vad personen säger vilket gör det svårt att avgöra om det är fejkade filmklipp eller om man ser den riktiga Dali på skärmen. Dali själv förutsåg på sätt och vis den här utvecklingen då han i en intervju i typisk dalisk anda konstaterade: -Jag tror på döden generellt, med absolut inte på Dalis död. Att tro på min egen död är omöjligt.

Det Dali-museet i Florida gör är ganska harmlöst. Man skapar en interaktiv kopia av Dali som besökarna kan fråga och som kan guida dem runt i utställningen. När Deep Fake News skapades så användes tekniken i första hand för att skapa kändisporr. Kända skådespelare fick sina ansikten pålagda i olika porrfilmer, visserligen kränkande för de utsatta, men relativt lätt att genomskåda. De stora farhågorna med Deep Fake News tekniken är att den kommer att användas i presidentvalet i USA 2020. Det är enkelt att skapa trovärdiga filmer där olika presidentkandidater kastar ur sig diverse kontroversiella påståenden vilket skulle kunna skada deras förtroende för väljarna och störa valkampanjen. Tänk bara ett hemligt filmat klipp som läckt ut på internet där Bernie Sanders i ett möte med Putin kläcker ur sig att han beundrar kamrat Stalins politik och önskar att USA var mer som Ryssland.

Hittills har Deep Fake filmerna varit beroende av ett stort videomaterial för att en AI ska kunna träna sig och bli trovärdig när den härmar en människas gester, rörelser och mimik, men nya metoder har gjort det möjligt att skapa videomaterial utifrån en bild. Man har en riktig person som förlaga och som får röra sig och säga olika saker, sedan lägger datorn på t ex Mona Lisas ansikte och kan skapa en mycket trovärdig video med Mona Lisa. I praktiken skulle en besökare kunna ställa sig framför en skärm och se sig själv som Mona Lisa och alla ansiktsuttryck och tal skulle kopieras som det var i en spegel. Skillnaden är att du skulle inte se dig själv, utan dig själv som Mona Lisa.

För att visa på farorna med Deep Fake skapade konstnärerna Bill Posters och Daniel Howe, 2019 en fakevideo med Facebooks grundare Mark Zuckerberg. Videon var en del av utställningen Spectre, (namn efter den ondskefulla internationella brottsorganisationen i James Bond filmerna), där konstnärerna i olika installationer utforskade hur de stora företagen arbetar med insamling av användardata och digital övervakning. I fake-videon hyllar Zuckerberg Spectre som har visat honom att den som kontrollerar all data även kontrollerar framtiden.

Den brittiska konstnären Gillian Wearing använde sig av Deep Fakes för att skapa ett videoverk som också fungerade som en reklamfilm för hennes utställning på Cincinnati art Museum hösten 2018. Wearing efterlyste personer som ville vara henne och där man med hjälp av Deep Fake teknologi la på en digital ansiktsmask så att deltagarna blev Gillian Wearing. Det är ett videoverk som ligger nära Wearings övriga konstnärskap där hon ofta arbetar dokumentärt kring vardagliga händelser och undersöker gränsen mellan verklighet och fiktion där främlingar på gatan bli en del av konstverket.

En gång i tiden sa man att en bild aldrig ljuger, men det var ett tag sedan vi var tvungna att förkasta det påståendet som en lögn. Att manipulera bilder är idag ganska enkelt och med Deep Fake måste vi också börja ifrågasätta videoklipp, för även det som streamas och visas i realtid kan vara manipulerat. Gränsen mellan fiktion och verklighet har aldrig varit så tunn som den är idag, och så svår att genomskåda.

Minnesbilder över de döda - från figurdikt till VR-dikt

Någon läser en dikt av Bo Setterlind under begravningsakten. Till dödsannonsen väljer vi ut några strofer av Nils Ferlin. Vi behöver orden för att minnas, men idag konkurrerar poesin med så många andra medier. Vi använder foto, film och ljud för att komma ihåg våra döda. Under 1600-talet var det annorlunda. I en tid utan Instagram och Facebook blomstrade tillfällighetsdikten.

Var det bröllop, födelsedag eller begravning anlitade man en poet för att skriva en dikt för att minnas dagen. Ville man gör dagen lite mer minnesvärd beställde man en figurdikt eller carmen figuratum som den också kallas. Figurdikten var en typografiskt utformade dikt där text och bild ingick i en vacker symbios. Lars Burman har i Lyrikvännen 4:1991 skrivit en uttömmande essä om Figurdikten som barock blandkonst. Det finns 11.000 tillfällestryck från 1600-talet bevarade och flera hundra av trycken är figurdikter. Burman ger i sin artikel några exempel på figurdikter, som en bröllopsdikt till Brigitta Steuch och Thomas Ihre som gifte sig 1696 och då fick en dikt utformad som en bukett »Bröllopz-Blommor». Eller Laurentius Arrhenius, som skrev en gravdikt med anledning av Lars Törners död 1694. Dikten är utformad som ett timglas och en av diktstroferna som symboliserar sanden som rinner ut i timglaset lyder: *"O Huru snart wårt Glas det rinner nid! / O Grymma Död/tu gjör alt flytt och kort / O Död du tog för snart wår Törner bort!"*.

Idag anlitar vi inte någon poet för att skriva tillfällighetsdikter i form av timglas över våra döda. Men kanske kommer vi i framtiden istället att använda VR (virtual reality) för att skapa liknande poetiska minnesbilder? VR är en teknik som kommit starkt de senaste åren och det har börjar dyka upp olika exempel på hur VR kan användas för att skapa nya upplevelser av poesi. Om figurdikten kläder orden i en tvådimensionell bild så kan VR användas för att skapa en 3 dimensionell upplevelse där det uppstår en symbios mellan ordet och rummet.

I samband med 100-årsminnet av första världskrigets utbrott producerade BBC en animerad antologi med sju dikter från Somme. Vid slaget vid Somme var det många poeter och författare som stred vi fronten och som skildrade sina upplevelser. En av dem var den brittiska krigspoeten Siegfried Sassoon. I appen *War of Words* har BBC producerat en VR-upplevelse som bygger på Sassoons dikt *The Kiss* som inleds med raden:

To these I turn, in these I trust;
Brother Lead and Sister Steel.
To his blind power I make appeal;
I guard her beauty clean from rust.

Året är 1916 och du befinner dig i skyttegravarna i Somme och genom Sassoons ögon och sinnen får du uppleva dikten ur poetens perspektiv. Kulorna viner över slagfältet och ger fiendesoldaterna en dödskyss av bly.

Ett annat exempel är den VR-upplevelse som skapades 2018 i samband med 100-årsminnet av den norska diktaren Hans Børli födelse. Børli var känd som skogens-poet och arbetade större delen av sitt liv som skogshuggare samtidigt som han regelbundet gav ut diktsamlingar där naturen stod i fokus. I VR-verket befinner du dig ut i skogen en oktoberkväll vid en brinnande brasa. Medan natten faller på får du höra Børlis dikter som tar med dig på en resa som knyter ihop naturen och människan.

Sassoon och Børlis författarskap är två exempel på hur man idag använder VR för att skapa en bildvärld där åhöraren kan kliva in i dikten. *The Graveyard* är nu inget VR-verk, men intressant i sammanhanget då det beskrivs som en poetiskt interaktiv berättelse. *The Graveyard* är skapad av den belgiska konstnärsduon Tale of Tales, (Auriea Harvey & Michaël Samyn). Berättelsen handlar om en äldre kvinna som besöker en kyrkogård. Det är ett memento mori verk där den gamla kvinnan vandrar förbi gravarna och slutligen sätter sig på en bänk där hon lyssnar på en sång av kompositören Gerry De Mol. Sången påminner om Edgar Lee Masters diktverk *Spoon River Anthology* (1915) eftersom verserna handlar om de personer som ligger begravda på kyrkogården och hur de dog.

And Roger, that was cancer
grew too big for his own good
When ivy gets too tall, there's
Too much shadow. Pruned away.

Vi behöver fortfarande speciella platser som kyrkogårdar dit vi kan gå för att minnas och vi behöver ord som tröstar oss i sorgen. Idag använder många sociala medier och internet för att minnas sina avlidna. Är det inte möjligt att vi framtiden kommer att besöker virtuella kyrkogårdar där vi kan vandra omkring bland gravarna och stanna upp för att lyssna på en dikt som framförs av vår favoritpoet? Medan 1600-talets figurdikter var begränsade till ord på ett papper som bildade ett timglas, kan vi med dagens teknik bokstavligen ta steget in i timglaset och se hur poesin rinner förbi oss.

Eduardo Kac och den tyngdlösa poesin

Eduardo Kac vill befria poesin från den tvådimensionella tryckta världens fängelse. Han vill skapa poesi som består av hologram, virtuella världar, lukter, DNA, atomer och tyngdlöshet.

I antologin *Media Poetry: An International Anthology* (2017) har Kac samlat exempel från hela världen på poeter som skapar poesi som ligger i gränslandet mellan vetenskap och science fiction. I förordet förklara Kac att den nya mediapoesin förflyttar gränserna utanför de verbala dimensionerna. Att exemplen han tänker visa ligger utanför papprets gränser och utforskar en ny syntax skapade med nya uttryck från animationer och hyperlänkar till virtuella världar, och att det är frågan om dikter som bara kan lagras på hårddiskar eller som hologram.

I antologin möter man till exempel Ladislao Pablo Györ från Argentina som 1995 började skapa virtuella poem, med programspråket VRML. Györs virtuella poesi består av 3D-objekt och världar som läsaren kan navigera i. Stephanie Strickland skriver om kvantpoetiken där poesin bryter sig ur tiden och rummets begränsningar. I hennes verk *vniverse.com* upptäcker läsaren själv dikten genom att klicka sig fram genom rymdens stjärnor.

Eduard Kac är själv en pionjär inom många områden som antologin ger exempel på. Han inledde sin karriär som poet 1979 i Brasilien. I början var hans poesi traditionell till formen, men snart fick han upp ögonen för den visuella poesin där han genom collage, grafisk form och bilddikter kunde vidga det poetiska språket. Kac nöjde sig inte med det utan ville fortsätta att utforska och expandera det litterära fältet. Han insåg att han måste skapa dikter som befriade sig från papprets begränsningar.

Lösningen hittade han i början av 1980-talet när han läste om tekniken för att skapa hologram. Kac började skapa holopoems som han kallade sina nya dikter. Dikterna består av hologram, som visar tredimensionella texter som förändras i färg och innehåll beroende på från vilken vinkel betraktaren ser dikten. En hologramdikt är rumslig och därför kan man, till skillnad från en pappersdikt, vrida och vända på den och se dikten ur olika vinklar och perspektiv och på så sätt skapa nya innebörder.

Astray in Deimos från 1992 är ett exempel på en av Kacs hologramdikter. Deimos är den yttersta och minsta av Mars månar. Dikten består av ett hologram med två ord Eerie och Mist som man observerar genom en cirkel av gult ljus. Runt omkring cirkeln finns ett landskap gjort av splittrat glas. Den gula cirkeln symboliserar månen Deimos och tanken är att dikten är skriven av någon som besökt Mars måne. Orden Eerie och Mist syns aldrig samtidigt utan går in och ut i varandra. Det finns också en syntes mellan orden, för om man sammanför de två orden Mist och Eerie så får man fonetisk ett nytt ord, nämligen mystery. Kacs hologramdikter består ofta av bara ett fåtal ord och bilder som tillsammans skapar något nytt.

Under senare år har Kac utforskat flera olika vetenskapliga discipliner för att skapa nya former av poesi. I den biologiska poesin använder han sig av DNA-kod för att skapa dikten *Cypher* (2003). Utgångspunkten har varit bokstäverna A, C, G och T som står för de fyra baspar som bygger upp vårt DNA. Sedan har Kac tillfört ytterligare fyra konsonanter och två vokaler genom att koda de nya bokstäverna med hjälp av basparen, så ett E består till exempel av tre stycken T.

Dikten som Kac har kodat in i DNA lyder: A TAGGED CAT WILL ATTACK GATTACA. Dikten *Cypher* består av en metallbok som innehåller ett enkelt labb med ett protokoll som läsaren kan följa och på så sätt tillföra dikt-DNA:et till en bakterie som börjar glöda i rött som bevis på att det fungerat och att dikten kommit till liv.

Kac har också intresserat sig för hela universums byggsten, atomen, och har därför föreslagit ett poetiskt system där varje bokstav byggs upp av enskilda atomer. Redan 1991 lyckades vetenskapsmän från IBM skriva ordet IBM med hjälp av 35 atomer. Kac föreslår dock att man ska gå ännu längre genom att lägga ihop bokstäverna till ord som bildar molekyler som man sedan kan föra över till blommor där molekylerna får mutera och skapa nya molekyler och ord. Blommorna och deras doft blir då själva dikten. Gertrud Stein skrev 1913 den nu berömda raden "A rose is a rose is a rose", men i Kacs version kan en ros vara något helt annat beroende vilka ordmolekyler poeten har placerat in i blomman.

I *Aromapoetry* (2011) fortsätter Kac med att experimentera med dofter och dikter. Han har skapat en bok som innehåller 12 skräddarsydda doftdikter. Varje dikt består av en sida med ett extremt tunt nanolager av poröst glas som långsamt släpper ut dikten i form av en lukt. Det rör sig om en avancerad version av en doftbok (en enkel version är de barnböcker där man skrapar på en ruta för att känna en doft).

Märker man att dikten håller på att avdunsta från sidan finns det tolv små flaskor, en till varje sida, som gör det möjlighet att fylla på dikten med ny doft. Kac har i boken valt att skapa tolv dikter som ger ett brett doftspektrum men som också skapar en berättelse genom sin variation och kontraster mellan dofterna.

Under våren 2018 visade det londonbaserade galleriet Furtherfield utställningen "Poetry for Animals, Machines and Aliens: The Art of Eduardo Kac". Som utställningens titel antyder så fortsätter Kac att utforska den poetiska rymden. I det pågående verket *Lagoogleglyph*, har Kac skapat stora tecken på marken baserat på ett eget visuellt bildspråk.

Det är en form av hieroglyfer som utgår från ett av hans mest uppmärksammade konstverk, nämligen *GFP Bunny* (2000). *GFP Bunny*, eller Alba som kaninen heter, har fått en speciell gen som gör att kaninens päls skimrar i ett grönt fluorescerande sken om den belyses med rätt ljus. Utifrån denna genetiska förändring har Kac sedan skapat olika tecken, Lagoogleglypher, som han sedan har placerat ut på olika platser i världen. De är så pass stora att de syns i Google Earth och kanske kommer Kac att använda sina tecken längre fram för att skapa poesi för rymdvarelser som de kan läsa från rymden.

Inner Telescope (2017) är också ett nytt verk av Kac och som presenterades på utställningen i London. Det är ett poetiskt verk för tyngdlöshet. Verket skapades av den franska astronauten Thomas Pesquet på den International Space Station (IIS) efter instruktioner av konstnären. Dikten har inget upp eller ner, fram eller bak, höger eller vänster. Ibland kan dikten se ut som det franska ordet MOI (jag), andra gånger som en mänsklig figur med en avklippt navelsträng. Kac menar att det här är den första dikt som skapats för rymdens tyngdlöshet.

Redan 2007 presenterad Kac ett manifest för rymdpoesi och tyngdlöshet. Där skriver han att all poesi som vi människor hittills har skapat är gjord under inflytande av gravitationen. När vi i allt högre grad reser ut i rymden och vistas i tyngdlöshet kommer det att förändra förutsättningarna för dikten.

Vi kommer att behöva ha ett nytt språk för att kunna beskriva våra upplevelser och känslor i det tyngdlösa tillståndet. I rymden finns egentligen ingen riktning, det blir därför inte meningsfullt att trycka en bok med rymdpoesi utan den kommer snarare att bestå av en upplevelse, ett tillstånd, än en fysisk text. *Inner Telescope* är ett första försök att utforska den tyngdlösa poesin och skapa en ny poetik för framtidens rymdpoeter.

Osynliga vågor av poesi

Du sitter på tunnelbanan och försöker koppla upp dig på kollektivtrafikens gratis Wifi. När du bläddrar bland nätverken på din mobil ser du ett som heter: "Den mätta dagen den är aldrig störst" Sekunden senare ser du att nätverket har bytt namn och nu heter det "Den bästa dagen är en dag av törst". En svag minnesbild dyker upp från en lektion i svenska på högstadiet och medan du lägger din panna i djupa veck har nätverket bytt namn igen och heter nu "Nog finns det mål och mening i vår färd". Ur minnesbanken kommer nästa mening automatisk och som en kuslig förutsägelse hör du dig själv säga "men det är vägen, som är mödan värd".

När du sätter upp en trådlös router hemma så har den ett förinställt namn (det som på fackspråk kallas *SSID* - service set identifier), för att du ska kunna hitta den bland alla andra nätverk. Namnet kan du ändra ganska enkelt och om du som den ryska konstnären Dmitry Morozov är lite mer kreativ kan du göra ett program som ändrar nätverkets namn var tionde sekund och varje gång det ändras blir det en strof ur en dikt. Morozov skapade fyra små bärbara Wifi sändare, som han kallar hotspot poets, som kan placeras ut på tunnelbanan eller på ett kafé. I din mobil eller på din laptop dyker det nya nätverket upp och börjar sedan sända strofer från dikter av poeter som Matsuo Bashō, Johann Wolfgang Goethe, Boris Pasternak och Petrarca. Morozovs hotspots fungerar inte att surfa ut på nätet med, eftersom det bara är sändare skapade för att sända poesi.

Det är väl lite tveksamt om Edith Södergrans kända dikt "I rörelse" från 1927, som citeras i början, skulle fungera som Wifi-poesi då de flesta routrar har en begränsning på 32 tecken på namnet. Du skulle eventuellt få dela upp strofen i mindre delar. Däremot fungerar tekniken perfekt för Haiku.

Redan 2012 skapade Jonathan Dahan och Toby Schachman Haiku Wifi som finns tillgänglig på GitHub, en plattform för olika programmeringsprojekt. För den som är intresserad av programmering så hittar du instruktioner på GitHub hur du bygger din egen poesi-router. Principen är att man har ett program som gör det möjligt att ge routern flera olika namn, i det här fallet tre, som är samma som antal rader i en haiku. I din mobil kommer du nu att se nätverkets tre namn efter varandra, det vill säga en haiku dikt. Om du sedan väljer att koppla upp dig mot nätverket hamnat du på en hemsida där du själv har möjlighet att skapa tre nya namn och därmed skriva en egen haikudikt som andra kan läsa.

Sylvain Vriens och Mar Canet är två andra exempel på konstnärer som använt sig av liknande teknik som Haiku Wifi för att skapa poesi. Vriens har gjort wifipoetry.com som beskrivs som poesi rakt ner i din ficka. Han har använts sig av en wifi-router som var tionde minut sänder ut en slumpvis vald dikt som du kan läsa genom att på din mobil se vilka nätverk som finns i din omgivning. Dikterna består av 5-6 rader med ett eller två ord på varje rad. Canets verk fungerar på samma sätt. Varje minut ändras namnen på en Wifi Router så att du kan läsa fyra rader med poesi skapad av den spanska poeten Eduard Escoffet i din mobil.

Att namnge sina trådlösa nätverk kan ses som en revirmarkering och är något som människor har gjort så länge det varit tekniskt möjligt. Nätverkens namn kan användas för att skicka en hälsning till sin omgivning. Det kan vara en trevlig hälsning, ett roligt skämt eller en oförskämdhet. På nätet kan man hittat listor på de mest underfundiga och märkliga namnen på wifi nätverk. Inom genren Found poetry, som utgår från att man hittar och skapar dikter från redan producerat textmaterial, kan nätverksnamn användas för att skapa ny poesi. Genom att ta en promenad genom staden eller åka i kollektivtrafiken kan du fånga upp olika nätverk och av de upphittade fraserna skapa nya dikter. Nya dikter som speglar det osynliga digitala landskapet och de människor som rör sig i det.

Eftersom vi stora delar av dagen går med näsan i våra mobiler och är på ständigt jakt efter gratis Wifi så är Wifi poesi ett nytt intressant nytt sätt att publicera poesi på. Idén med Morozov hotspots poets skulle kunna tillämpas på offentliga platser. I din mobil skulle du kunna ta del av offentlig poesi bara genom att se vilka nätverk som finns i omgivningen.

Ett annat sätt är att skapa osynlig poesi i det offentliga rummet är att använda sig av AR (Augmented Reality). Pokemon Go är ett bra exempel på hur AR fungerar. Med hjälp av mobilens GPS kan du leta efter och hitta Pokemons som finns utspridda i landskapet. Genom att appen lägger till extra lager på den verklighet som kameran fångar upp så kan du se dessa osynliga Pokemons och samla på dem. På samma sätt skulle det kunna finnas en app där du kan gå runt i staden och letar efter dikter. Om du håller upp din mobil framför en tråkig grå mur skulle du till exempel kunna läsa en dikt av Harriet Löwenhjelm:

"I mörker står skogens väldiga mur
men där bakom det lyser och flammar
i toppen brinner varenda fur
fast svarta stå skogens stammar.

Jag vet att sagans förtrollade land
där bakom ligger och glänser.
Jag sträcker i längtan min bedjande hand
att nå inom drömlandets gränser. "

Det verkar än så länge inte finnas så många exempel på AR poesi, vilket är lite underligt eftersom tekniken är enklare än att använda än Wifi-poesi och möjligheterna större. Ett skolexempel kan man iallafall hitta på YouTube där Rob Newton en student vid Nottingham Trent University har skapat en demo till Nottingham Poetry Festival (som äger rum under 26 april till 5 maj 2019). Newton har placerat ut bilder av en asterix (*) i stadsrummet. När du skannar bilden med en app i din mobil så dyker en av festivalens poeter upp på mobilskärmen och börjar läsa sin dikt. På dörren till ett toalettbås på en pub hittar man en gul asterix och scannar man den dyker poeten Amelia Daiz upp och läser sin dikt "Drunk toilet poetry rage". Under en viadukt med en graffitimålning hittar man en blå asterix som trollar fram poeten Chris McCloughlin som sedan läser sin dikt "Spray Cans Kiss Concrete". Med hjälp av en så kallad green screen har Newton spelat in de fyra poeterna när de läser sina dikter och när du sedan skannar asterixen i stadsrummet dyker filmerna upp som extra lager på mobilkamerans verklighet.

Möjligheterna med den nya tekniken är många. Offentlig poesi skulle kunna bli lika populärt som geocaching. Geocaching innebär att man går på skattjakt med hjälp av sin mobils GPS för att leta reda olika hemligheter eller undangömda sevärdheter som andra användare har tipsat om. Varför kan man inte lika enkel leta efter undangömd poesi i stadsrummet eller ute i skogen? Du passerar en vacker tjärn under din skogspromenad eller en staty i staden och du stannar till och filmar dig själv när du läser en dikt inspirerad av platsen. Andra människor kan då se i appen att på den här platsen finns en dikt. När de befinner sig på platsen så kan de med hjälp av AR se filmen när du läser din dikt. För det bästa med både wifi och AR poesi är att du inte behöver något tillstånd för att tapetsera det digitala stadsrummet med dina dikter. Det krävs visserligen att någon tar initiativet och skapar en lättanvänd app för att skapa och hitta poesi i det offentliga rummet, men förutsättningarna finns redan för att skapa platsspecifika dikter och diktorientering i landskapet.

AI och poeten

there is no one else in the world.
there is no one else in sight.
they were the only ones who mattered.
they were the only ones left.
he had to be with me. she had to be with him.
i had to do this. i wanted to kill him.
i started to cry.
i turned to him.

Människa eller maskin? Kan du avgöra om dikten är skriven av en poet eller en artificiell intelligens? Den brittiske matematikern Alan Turing skapade 1951 ett test för att avgöra om det är en dator eller en människa som du pratar med. De senaste åren har den artificiella intelligensen tagit stormsteg i utvecklingen men än så länge har ingen AI på ett övertygande sätt klarat av Turing-testet.

Men Turing-testet är inte skapat för dikter eller andra konstverk utan är utformat med tanke på att du ska kunna föra en dialog med den du pratar. Till en misstänkt chatbot kan du ställa en massa konstiga frågor och få svar som gör det enklare att avgöra om det är en maskin eller en människa som svarar. Svårigheten med poesi är också att litteraturhistorien är full med dikter som är väldigt konstiga och ologiska, när det gäller språk och innehåll. Ta bara dadaisten Hugo Balls ljuddikt *Karawane* (1916) som börjar med orden "jolifanto bambla o falli bambla" eller Erik Lindegrens diktsamling *Mannen utan väg* (1942) med sina söndersprängda sonetter med strofer som: "i speglarnas sal där en blir de mycket för många / och dock ville falla som dagg i tidens grav". Eller inledningsstrofen till Gunnar Ekelöfs dikt *denaturerad prosa (1932)*: "krossa bokstävlarna mellan tänderna gäspa vokalerelden brinner i helvete/ kräkas och spotta nu eller aldrig jag / och svindel du eller aldrig svindel nu eller aldrig."

Om de här tre citerade dikterna varit helt okända för dig och du hade läst dem i antologin med dikter skapade av människor och maskiner, skulle du då tänka att de var skrivna av en artificiell intelligens eller en människa?

På hemsidan botpoet.com kan du prova dina kunskaper och gissa på olika dikter om de är skrivna av en bot eller inte. De som inte är mänskliga är skapade av olika program på nätet som jGnoetry, JanusNode eller Erica T. Carter, som är en pseudonym för Jim Carpenters Electronic Text Composition (ETC) projekt. Programmen använder sig av befintliga textkällor och olika algoritmer för att skapa nya texter. Den citerade dikten i inledningen är också skapad av ett dataprogram. Det var 2016 som Googles Artificiella Intelligens skrev dikten, efter att man hade matat ett neuralt nätverk med tusentals romantiska böcker. Googles team gav sedan nätverket en start- och en slutstrof ur böckerna och sa åt systemet att skapa en dikt genom att fylla ut och morfa utrymmet mellan meningarna. Dikterna har ofta en dramatisk, något sorgligt tema, men de är grammatiskt korrekt och det verkar finnas en logisk följd i diktens strofer.

Syftet med systemet var inte i första hand att skriva poesi utan att lära systemet att bättre kommunicera med människor på ett naturligt sätt.

Att lära en AI att skriva poesi är inte så svårt som det verkar. Utan det handlar bara om att systemet matas med tillräckligt med data som det kan analysera och hitta mönster i. Till alla hjärtans dag 2018 skapade ett gäng programmerare v*Al*lentine, en personlig poesi generator som skapar sonetter i Shakespeares anda. På hemsidan fyller du i ditt namn, din älskades namn, favoritfärg och vilken kroppsdel som du gillar mest hos din älskade.

Sedan skapar en AI med hjälp av Shakespeares samlade sonetter och en algoritm en helt ny personlig sonett till dig. Efter att man har läst och tröttnat på Shakespeares 154 original sonetter skulle man med programmet kunna skapa oändligt nya sonetter. Utdöda författarskap skulle på så sätt kunna återupplivas med hjälp av AI och nya böcker publiceras utan att förlagen behövde bekymra sig om royalties.

Matar man in runt 7 miljoner ord från olika 1900-talspoeter i ett AI nätverk kan man skapa rader som: *"The crow crooked on more beautiful and free, / He journeyed off into the quarter sea. / his radiant ribs girdled empty and very – / least beautiful as dignified to see."* Cambridge forskaren Jack Hopkins skapade 2017 ett forskningsprojekt som handlade om att skapa automatiskt genererade rytmiska texter med hjälp av neurala nätverk. Det här var en av dikterna som systemet skapade. I projektet gjorde man också ett test, i stil med botpoet.com, där deltagarna fick bedöma om dikterna var skrivna av en människa eller en maskin. I 54 % av fallen ansåg deltagarna att dikten var av mänskligt ursprung, trots att de var skapade av en maskin.

Precis som ett oändligt antal apor som hamrar på skrivmaskiner så småningom skulle skriva Shakespeares samlade sonetter, så skulle en AI som outtröttligt spottar ut sig dikter också kunna skapa en del guldkorn. Liu Cixins SF-novell "The Poetry Cloud" från 1997 är ett exempel på hur svårt det kan vara att efterlikna mänsklig kreativitet. I novellen har jorden blivit koloniserad av rymdvarelser och vår existens står under prövning.

Poeten Yiyi försöker överbevisa rymdvarelserna att människorasen är värd att bevara och tar poesi som ett exempel på vår särart. Rymdvarelsen försöker överträffa den mänskliga poesin men misslyckas. De bestämmer sig då för att skapa ett dataprogram som ska lösa problemet genom att antingen skapa poesi som är bättre än den mänskliga eller helt enkelt genom att skriva alla dikter i hela världen.

Då dataprogrammet inte lyckas skapa bättre dikter än människan fokuseras man på formen och låter datorn skriva alla dikter som går att skriva. Det visar sig vara väldigt utrymmeskrävande och hela solsystemet förstörs då man bygger ett stort datalagringsmoln där alla dikterna laddas upp. Trots alla ansträngningar blir slutsatsen att teknologin inte kan uppskatta poesi och överträffa den mänskliga kreativiteten.

Frågan om en AI kan skriva poesi är egentligen felställd, för den kan lära sig att härma och skapa texter som verkar mänskliga. Det finns också många exempel på människor som skriver dålig poesi, så kvalité är inte alltid en mätsticka på om det ligger en mänsklig tanke bakom dikten eller inte. Utan frågan om AI och poesi ligger egentligen på ett mer filosofiskt plan. Vad är egentligen konst, kreativitet och intelligens? Är det mänskliga egenskaper som ingen maskin kan härma eller går det att reduceras poesins hemligheter till algoritmer som kan matas in i en maskin?

Den kritik som riktats mot AI skapad poesi, som också diskuteras i Liu Cixins novel, är att maskinskapad poesi snarare är frågan om form än innehåll. En AI kan skapa texter som ser mänskliga ut, men det finns egentligen ingen tanke bakom orden. Precis som i ett rorschachtest försöker läsaren tolka dikten och hitta en innebörd som egentligen inte finns där, det är bara bläckplumpar på ett vitt papper.

Dikten är bara ord som skapar ett mönster som efterliknar det mänskliga språket. Det finns inga genomtänkta metaforer, eller något att läsa mellan raderna, dubbeltydiga anspelningar eller kulturella referenser. Sådant som vi i vanliga fall förknippar med mänsklig poesi. Det är egentligen bara språkliga mönster som en AI kan skapa. Än så länge ska tilläggas. AI-tekniken är bara i sin linda, men lyckas ändå skapa dikter som hälften av oss tro är gjorda av människor. Vad skulle inte en AI i framtiden kunna skapa för texter? Får vi uppleva hur Svenska Akademien grundluras av en AI som under pseudonym skriver geniala dikter och som sedan tilldelas ett nobelpris i litteratur?

AI tar över internet

Efter att ha besökt den surrealistiska delen av YouTube med märkliga barnvideos beslöt sig konstnären Jacob Broms Engblom för att skapa sin egen barnkanal. På YouTube finns nämligen en hel del kanaler som riktar sig till barn med färgglada lågbudgetanimationer med barnsånger och visor som ofta är helt absurda och surrealistiska för vuxenvärlden.

Kanalerna är ofta skapade med baktanken att locka besökare genom att man använder sig av automatiserade sökoptimeringar där specifika sökord finns med i beskrivningarna och texterna. Engblom använde sig därför av ett AI program för att skapa kanalen "Brain Nursery Egg TV". Varje dag laddar en AI automatiskt upp en ny video med texter och videoklipp baserat på material från liknande YouTube kanaler.

Förutom att vara ett intressant konstprojekt om hur konstigt det kan bli med automatiserat innehåll så ger "Brain Nursery Egg TV" en kuslig inblick i hur framtidens internet kan se ut om man låter AI robotar härja fritt och skapa innehållet.

När den amerikanska datorforskaren Joseph Licklider 1962 skissade på ett "intergalaktiskt nätverk" som skulle koppla samman all världens datorer så såg han kanske framför sig hur vi i framtiden skulle kunna kommunicera med utomjordiska varelser. På 1990-talet blev World Wide Webb verklighet och internet blev tillgängligt för allmänheten. I början fanns det en utopisk grundtanke att internet skulle göra all information fri och tillgänglig och man ska kunna kommunicera med människor från hela världen

Antal internetanvändare och uppladdat material har sedan dess stadigt ökat och begreppet Big Data försöker omfamna dessa enorma mängder material som produceras av användarna. Det som Licklider kanske inte förutsåg med sin skiss till ett "intergalaktiskt nätverk" var att de icke mänskliga varelserna som vi skulle kommunicera med på internet inte kom från rymden utan bestod av AI och att de dessutom skulle producera större delen av materialet på internet i framtiden.

Under 1800-talets industrialisering automatiserades en stor del av tillverkningsindustrin och maskiner tog över många av de monotona fysiska moment som människor tidigt hade gjort. Idag ser vi en annan form av automatisering som handlar om att skapa enklare former av texter, bilder och filmer. Flera nyhetstidningar använder redan idag sig av nyhetsrobotar, så kallade newsbots, som är program som kan leta upp information i olika databaser och själva skapa notiser efter förutbestämda mallar som sportreferat, polisrapporter, börsanalyser osv.

Det finns även exempel på nyhetskanaler på Youtube som Breaking News Today som automatiskt skapar inslag genom att hämtar referat av populära nyhetsartiklar från internet. Sedan läser en robotröst upp nyheten ackompanjerad av genrebilder valda efter nyckelord i texterna. Den typen av inslagen kräver minimal mänsklig insats och kan på löpande band skapa aktuella nyhetsinslag.

Allt eftersom tekniken utvecklas kommer allt mer av texter, filmer och ljudklipp på nätet att vara skapade av botar istället för människor. Risken är förstås stor att samma teknik kommer att användas för att sprida propaganda, spam, hatinlägg och försöka påverka opinionen.

Open AI är ett forskningsinstitut som arbetar med att göra AI tillgänglig med mänsklighetens bästa i åtanke. De har framgångsrikt arbetat med textproducerande algoritmer som klarar av att göra allt längre texter som är svåra att skilja från mänskliga. Deras senaste version GPT-2 vågade de från början inte avslöja hela koden till eftersom de var rädda att den skulle användas för att skapa spam och fakenews.

Istället för att anställa människor till trollfabriker som manuellt sitter och skriver inlägg kan hela processen automatiseras från att registrera konton på sociala plattformar, skapa trovärdiga profiler och börja lägga upp inlägg. I det snabba flödet behöver texterna inte vara perfekta (de flesta på nätet är inte heller några rättstavningsexperter) utan det är i stället mängden som är avgörande. Om tusentals falska konton börjar skriva om samma saker så får det en påverkan på opinionen. Genom textanalys kan en AI även svara på kommentarerna och på sätt bli ännu svårare att skilja från riktiga användare.

De stora internetföretagen arbetar redan aktivt och tar hjälp av AI för att hitta falska konton, fakenews och propaganda, men å andra sidan kan en annan aktör använda sig av AI för att träna sig på vilka konton som en AI brukar ta bort och därefter skapa konton som ser ännu mer mänskliga ut tills den andra AI:n inte kan se skillnaden och kanske börja ta bort mänskliga konton för de ser mest onormala ut.

Risken finns att tekniken blir så bra att antalet fakekonton och hemsidor som drivs av AI, som bloggar, tidningar, forum, butiker etc. med tiden blir större än riktiga användare. Det finns en dystopisk framtidsbild över ett internet där människan lämnat internet och AI tar över. På internet kommer AI-botar att producera materialet och tävla mot varandra om att anpassa materialet för att locka andra AI-botar att besöka deras hemsida och gilla deras inlägg.

Det kommer med tiden att resultera i en allt mer perverterad och inavlad programkod så att det material som produceras på internet kommer att vara lika bisarrt och surrealistiskt som de filmer som idag laddas upp på Engbloms barnkanal "Brain Nursery Egg TV".

Problemet är inte att många i framtiden kommer att använda AI för att automatisera textproduktioner som notiser, produktbeskrivningar, manualer, svara på supportfrågor och andra standardiserade och monotona texter. Utan problemet och farhågorna, som mycket inom diskussionen om AI handlar om idag, är att det saknas en reglering, att det saknas etiska och moraliska riktlinjer och transparens hur dessa texter skrivs och används. Precis som många nyhetssajter idag har information om hur man arbetar redaktionellt borde det i framtiden finnas information om vilka texter som är skapade av en AI och på vilka grunder de är skapade på och framförallt måste man behålla mänskliga redaktörer som har överblicken och kontroll över innehållet som produceras.

App-konsten intar stadsrummet

Moderna Museet i Stockholm visar under vintern utställningen "Mud Muses" (t.o.m 12/1 -2020) som tar sitt avstamp i 60-talets konst och följer den tekniska utvecklingen via den tidiga datorgrafiken ända fram till dagens app-baserad konst. För när Internet har flyttat in i våra mobiler så har konstnärerna följt efter.

I utställningen "Mud Muses" finns två exempel på den nya app-baserade konsten. Det är konstnären Jenna Sutelas verk "Jag magma" där hon gjort glasavgjutningar av sitt eget huvud. Huvudena som finns i olika färger fungerar som lavalampor med magma som åker omkring i olika slumpartade former. Till lamporna finns sedan en AI kopplad som tolkar de slumpartade formerna och översätter dem till dagliga spådomar som man kan ta del av i den app som finns till verket.

Ett annat exempel är Ian Chengs BOB (2018) som projiceras på en stor skärm i utställningen. BOB är en förkortning av "Bag of Beliefs" och är en AI varelse som ser ut som en mask eller drake som rör sig i ett eget slutet ekosystem. Genom appen kan man skänka olika saker till varelsen som svampar, stenar och sjöstjärnor så den kan överleva och utvecklas. BOB påminner på så sätt om en modern variant av en Tamagotchi som användarna sköter om kollektivt via sina mobiler och precis som en Tamagotchi kan BOB dö om man inte tar hand om den.

Fördelar med app-baserad konst är att man inte behöver gå till ett museum utan konsten finns tillgänglig 24/7 i din mobil. Det finns flera exempel på hur man har börjar använda den nya tekniken för att placera ut och skapa offentlig konst. Vi är vana att det bara är utvalda konstnärer som får ställa ut på bestämda platser i det offentliga rummet. Alla andra kreativa uttryck betraktas i de flesta fall som olagliga om det rör sig om spontana rondellhundar eller graffiti i en gångtunnel.

Med hjälp av Augmented Reality (AR) kan konstnärer och aktivister skapa appar som placerar ut konst i det offentliga rummet helt lagligt. Konstnären Jeff Koons gjorde det möjligt att använda appen Snapchat för att uppleva hans stora färggranna skulpturer på olika platser runt om i världen. Med hjälp av geo-taggar, dvs GPS-koordinator till en plats, kunde du använda SnapChat för att se Koons ballonghundar och andra verk utplacerade i Central Park i New York eller vid Eiffeltornet i Paris. Det var bara genom mobilens kamera som konstverken syntes.

Företaget Apple samarbetade under 2019 med kända konstnärer som Nick Cave, Carsten Höller och Pipilotti Rist för att skapa [AR]T Walk som bestod av konstvandringar som utgick från några utvalda Apple-butiker där man under promenaden kunde utforska AR-verk utplacerade i stadsrummet. Förutom den konstnärliga upplevelsen var det också ett PR-event för att lyfta fram företagets eget verktyg för att skapa AR-appar. Att använda AR för att skapa publika konstvandringar eller guidningar i stadsrummet är bara en av många möjligheter med den nya tekniken.

AR-konsten kan placeras ut var som helst. Något som appen MoMAR är ett exempel på. Några konstnärer skapade MoMAR som en "gerillaaktion" mot Museum of Modern Art i New York och deras utställning med målningar av Jackson Pollock. Genom att använda appen när man tittade på Pollocks målningar så fick man se konstnärernas egna verk ovanpå Pollocks tavlor. Tanken med aktionen var att skapa debatt om vem som äger det offentliga rummet och visa att med den nya tekniken kan vem som helst placera ut sina verk på ett stort konstmuseum bredvid eller ovanpå kända konstnärers verk. Museerna kan inte göra så mycket eftersom verken bara finns i den virtuella världen och i betraktarens mobiltelefoner. De kan förstås införa ett mobiltelefonförbud men det är inte så troligt att det händer.

På samma sätt kan man använda sig av graffiti-appar för att måla på väggar och fasader utan att det är olagligt. Målningarna finns bara virtuellt och du behöver appen för att se dem. AR-apparna skapar nya möjligheter för människor att kommentera och uttrycka sig i det offentliga rummet. Det finns förstås nackdelar med alla nya tekniker, samma teknik kan användas för att fylla det virtuella offentliga rummet med ännu mer reklam eller sprida propaganda eller hatbudskap på olika platser.

Att den virtuella och verkliga konstvärlden flyter ihop allt mer är AR-appar ett exempel på. Det öppnar upp nya rum för offentlig konst och möjligheten att skapa interaktiva konstvandringar och konstupplevelser i din mobil.

Konst som ett socialt objekt

På SVT Play finns en dokumentär om konstnären Sean Scully som växte upp under fattiga förhållanden i slutet av 1940-talet. Idag är pengar inte något problem för Scully då hans abstrakta målningar säljs för runt 1 miljon pund. -Vad är nyckeln till din framgång? frågar reportern när han sitter i Scullys privata jetplan på väg till ännu en invigning av konstnärens många utställningar runt om i världen. -Den nya tekniken konstaterar Scully. Distribution, distribution och distribution. Sociala medier som gör att utställningarna visas över hela världen.

Inför en utställning i Mexico City får vi höra en curator som berättar att han placerat en skulptur av Scully med en rosa mur i bakgrunden eftersom det bli en bra instagrambild. En intendent på ett konstmuseum påpekar att Scullys stående målningar är perfekta för mobilfoton till skillnad från panoramamålningar som passar sämre på Instagram. Sociala medier blir allt viktigare för att synas och lyckas som konstnär.

Men vad händer med konsten då den förvandlas till att bara bli en bild med pålagda filter, kommentarer, likes och delningar i sociala medier? I ett TED-talk från 2016 berättar Jia Jia Fei, som bland annat arbetat med sociala medier för Guggenheimmuseet i New York, om konsten i Instagram-eran. 2013 ställde Guggenheim ut konstnären James Turell som gjorde en ljusinstallation i Frank Lloyd Wrights fantastiska rotunda. Turell ville att besökarna skulle uppleva konsten och inte ta en massa bilder som störde upplevelsen, så man införde därför ett fotoförbud. Trots det, eller kanske därför, blev det museets mest spridda utställning på Instagram.

Turells installation är ett verk som man måste uppleva och där själva avbildningen inte kan förmedla upplevelsen. Så trots att det fanns så många bilder på nätet av Turells utställning så ville människor ändå komma till museet och uppleva själva utställningen. Att en utställning blir viral är ett säkert tecken på att det även kommer att locka många besökare till museet. För alla vill uppleva samma sak som andra redan har gjort och vara på platsen där det händer. Så museerna behöver i Instagram-åldern inte oroa sig för att besöksunderlaget ska minska, utan tvärtom.

Däremot är frågan vad sociala medier gör med konstupplevelsen i längden? Jia Jia Fei menar att den håller på att förändras i grunden. Tidigare besökte vi museet för att betrakta de unika fysiska konstobjekten, men nu håller konstverken på att förvandlas till sociala objekt där det är själva samtalet och diskussionen runt omkring som blir det väsentliga och inte föremålet.

Nu är det i och för sig inget nytt att konst handlar mer om än bara objektet. Det är ofta upplevelsen, samtalet och diskussionen med andra som skapar den djupare förståelsen av konsten. 1996 myntade konstkritikern Nicolas Bourriaud begreppet relationell estetik om samtidskonst som utgår från mänskliga relationer och deras sociala kontext, så idéerna om att konst kan vara något mer än sitt objekt, har funnits med ett tag.

Men det Fei pekar på är en utveckling som går ännu längre, där själva konsten riskerar att bli det sekundära och där själva upplevelsen att vara på utställningen blir det primära. Att diskussionen kommer att handla om upplevelsen, människorna, miljön kring utställningen och inte själva konstverkens betydelse. När vi delar med oss bilder från museum är det inte längre vad vi ser som vi vill förmedla utan vad vi upplever. Vi vill dela med oss till andra att vi har varit på platsen. Det handlar i högre grad att bli sedd i konsten snarare att se på konsten. Fenomenet är inte unikt för konsten utan gäller i stora delar av vårt samhälle.

Vi tar en selfie framför Colosseum, inte i första hand för att vi tycker det är ett intressant och historiskt byggnadsverk, utan för att vi har varit där och upplevt något som många andra upplevt. Vi tar en bild av Turrells installation inte för att vi är speciellt intresserad av Turrells konstnärskap utan för att visa att vi har varit där och upplevt något som så många andra redan har delat på nätet.

Bilder av konsten, precis som andra upplevelser, blir snarare en del av en social gemenskap, än en personlig fördjupning. Det sker en förskjutning från konstnärens intentioner med konstverket till besökarens upplevelse av konstverket. På så sätt hade Turell rätt, att vi kanske ska lägga undan mobilen medan vi lyssnar på vad konstnären vill säga med sitt verk, innan vi börjar instagramma hur vi upplever hur det är att vara på utställningen.

Videopoesi – en växande konstform

Minns du MTV? Ungdomskanalen som startade 1980 och som bara visade musikvideos? Det var inte frågan om inspelningar av konserter eller scenuppträdanden, nej, i musikvideon fick en ny generation regissörer möjlighet att experimentera med en helt ny konstform som blandade musik, film och visuella effekter.

YouTube, Instagram och Facebook och andra sociala medier fungerar idag på samma sätt som MTV när det gäller att föra fram videopoesin. Videopoesi är inte filmer med poeter som bara läser sina dikter, sådana filmer finns det annars gott om på YouTube, utan videopoesi är precis som musikvideon en hybridform där text, ljud och bild kombineras till en ny upplevelse.

En av videopoesins pionjärer är Tom Konyves. I slutet av 1970-talet började han, inspirerad av videokonst och performance som visades på det konstnärsdrivna Montreal galleriet Vehicule, skapa videopoesi. Han experimenterade med uppläsningar som han kombinerade med musik och bilder. I en av hans första verk "Sympathies of War" (1978) ser man Konyves silhuett i profil när han läser sin dikt där ordet STOP återkommer flera gånger. Varje gång ordet nämnts har han klippt in en närbild av en röd-vit STOP-skylt i filmen.

1982 myntade Tom Konyves i en essä begreppet "videopoetry" och 2011 publicerade han "Videopoetry: A Manifesto" där han pekar på att videopoesin består av flera lager av bilder, visuella effekter, texter och ljud som blandas till ett nytt uttryck som skiljer sig från den tryckta dikten. På samma sätt som man kan säga att en musikvideo är mycket mer än bara själva låten som spelas.

Under millennieskiftet etablerades videopoesin genom att flera stora festivaler som Visible Verse i Kanada och Zebra i Tyskland började visa och arrangera tävlingar för videopoesi. Idag finns det många etablerade videopoesi-festivaler runt om i världen. I Sverige kan man nämna kulturfestivalen At the Fringe i Tranås som i år har en speciell filmsektion för videopoesi.

Med Internet fick videopoesin ytterligare en plattform att expandera på. Tillgången till enkla redigeringsprogram och sociala medier gjorde att många poeter började skapa videopoesi och dela med sig till andra. Ett vanligt exempel på videopoesi idag består av en röst som läser en dikt. På skärmen växlar strofer med bilder och filmklipp som bygger upp en stämning som visuellt förstärker dikten. Filmerna på YouTube är ofta inte så tekniskt avancerade som bidragen som tävlar på de stora festivalerna. Den videopoesi man hittar på YouTube består antingen av egna dikter eller en dikt ur litteraturhistorien som man har skapat en video till.

Ett exempel är Hermann Hesses dikt "The fog" som finns i flera versioner på YouTube. En av filmerna inleds med ett dimmigt landskap där den engelska översättningen av dikten syns i bild. I mitten av filmen börjar Hermann Hesse själv att läsa dikten på tyska. I bakgrunden växlar det dimmiga landskapet och förstärker diktens budskap om att i dimman vandrar man ensam, precis som genom livet.

Sedan finns det organisationer som Motionpoems som sedan starten 2008 arbetat med professionella poeter och videokonstnärer för att skapa nya spännande kombinationer av poesi och videokonst. De har bland annat gjort en film av Jamaal Mays korta dikt "There Are Birds Here". Det är en svartvit film där vi högt ovanför skyskraporna ser svarta fåglar som svävar omkring medan det mellan husen blåser omkring plastpåsar. Plastpåsarna rör sig i vinden som poetiska havsdjur. I Dorothea Laskys dikt "Monsters" berättas historien om en liten flicka och alla de monster som finns runt omkring i mörkret. Det är en tecknad film som skapar känslan av att läsaren falla ner i ett drömlandskap.

Dagens videopoesi tar sig många olika uttryck. På YouTube och Vimeo hittar man exempel som sträcker sig från traditionella filmer till mer nyskapande och experimentella uttryck, det en stor blandning av både amatörmässiga och professionella produktioner. Det är väl det som ger intrycket att videopoesin idag är en vital, gränsöverskridande och växande konstform.

Konstnärer som hackar de stora nätjättarna

Bilden av en ensam man som går mitt i vägen på en tom gata i Berlin spreds i nyheterna för ett tag sedan. Det var Simon Weckert som genom att dra en liten röd vagn efter sig med 99 mobiltelefoner hade lyckats lura Googles karttjänst och fått den att tro att det var trafikstockning på gatan och därför rekommenderat alla bilister att ta en annan väg. Därför kunde Simon Weckert ensam strosa omkring på en bilfri gata i centrala Berlin.

Weckert är nu inte först med att ge sig på att hacka de stora nätjättarna. På våren 2008 avslutade den Österrikiska konstnärsduon Ubermorgen.com sin trilogi EKMRZ där man gav sig på de tre jättarna Google, Amazon och eBay. "GWEI – Google Will Eat Itself" använde sig av Googles egen annonstjänst för att placera annonser på dolda hemsidor där en robot klickade sig igenom reklamen och skapade inkomster till konstnärerna som sedan användes för att köpa aktier i Google. I realiteten var inkomsterna minimala, men i teorin skulle Google kunna betala ut tillräckligt mycket pengar genom sitt annonsprogram så att Ubermorgen.com skulle kunna ta över aktiemajoriteten i Google.

De två andra projekten var: "Amazon Noir – The Big Book Crime" där man använde Amazons funktion för att förhandsgranska böckerna innan man köpte dem. Man gjorde ett program som kunde hämta hem alla sidorna digitalt ur databasen och sedan skapa en fullständig ny digital kopia av boken som vem som helst gratis kunde ladda ner från nätet. Och i "The Sound of eBay" samlade en robot in information om användaren från eBays databas och översatte informationen till en låt som man kunde ladda ner och lyssna på.

Konstnären Paolo Cirio som stod bakom mycket av tekniken till EKMRZ skapade 2011 projektet Face to Facebook. Han laddade ner 1 miljon profilbilder från Facebook och med hjälp av teknik för ansiktsigenkänning sorterades bilderna efter deras ansiktsuttryck och publicerade sedan på en påhittad datingsida. Gemensamt för alla de här konstprojekten är att de använder sig av de stora datamängder som nätjättarna samlar på sig om sina användare.

Skandalerna kring de stora nätjättarna har varit många den senaste tiden och allt handlar om data. Hur den samlas in, till vilkas den sprids och hur den sedan används. Läser man böcker som "Internet är trasigt : Silicon Valley och demokratins kris" av Martin Gelin och Karin Pettersson eller "Tio skäl att genast radera dina sociala medier" av Jaron Lanier så blir man mörkrädd. De sociala plattformarna har med sina monopol och sina hänsynslösa affärsmodeller blivit ett hot både mot demokratin, yttrandefriheten och folkhälsan.

Men det är egentligen inte tekniken det är fel på utan affärsmodellen. Syftet är att tjäna så mycket pengar som möjligt åt aktieägarna och det gör man genom att sälja annonser. Man erbjuder en gratis tjänst, där grundidén från början var att skapa dialog, knyta ihop människor och skapa mer tolerans i världen, men jag tror det är få som tycker att den visionen har infriats. De som utnyttjar tjänsterna kallas användare, men de skulle likaväl kunna kallas anställda, då vi användare i praktiken används som gratis arbetskraft med syfte att producera användardata som de sociala jättarna sedan kan använda för att sälja annonser till specifika grupper. Allt styrs av företagens superhemliga algoritmer som är gjorda för att skapa så stort engagemang som möjligt och därmed så stor avkastning som möjligt.

Om din granne missköter sig och inte klipper sin häck blir du betydligt mer engagerad under en längre period än om han skötsam och klipper den. Därför premieras människans dåliga sidor i sociala medier och utnyttjas också skrupellöst av främmande makter, radikala grupper och enskilda rättshaverister för att sprida hot, har och desinformation för att påverka och skada demokratin. Att de sociala jättarna anser sig vara teknikneutrala och inte publicister gör att de länge har ignorerat att ta ansvar för vad som publiceras på deras plattformar. Men å andra sidan varför skulle de göra det? De tjänar ju bra på nuvarande affärsmodell. Facebook redovisade en vinst på 16,9 miljarder dollar i en kvartalsrapport från 2019.

Det är därför inte så konstigt att konstnärer ger sig på de stora sociala nätverken. Det är ju som kampen mellan David mot Goliat. Att hitta kryphål och lura avancerade system är något som alltid har lockat kreativa personer och ibland är dem kriminella som vill tjäna pengar och ibland är dem konstnärer som vill påtala på brister i vårt samhälle.

Demoner hemsöker bara fattiga

Är du är ensamstående med barn? Lever du i förorten och har sociala och psykiska problem? Då tillhör du statistiskt den kategori av människor som riskerar att bo i ett hemsökt hus och bli besatt av demoner.

När den engelska författaren Horace Walpole 1764 skrev romanen "Slottet i Otranto" blev det startskottet för den gotiska romanen. Det är härifrån vi har fått många av de ingredienser som format skräckgenren. Ett avlägset slott eller en herrgård, som är hemsökt och fullt med hemligheter. Lönngångar, avtal med djävulen, dubbelgångare, incest, galna munkar och nunnor och inavlade släkter. Det säger sig själv att det inte är några ensamstående mammor med socialbidrag som bor i dessa gamla slott, utan i den gotiska och den viktorianska romanen är det överklassen så får sin beskärda del av skräck, spöken och demoner.

Vem som har fått sitt hus hemsökt och vem som har blivit besatt av demoner har genom historien förändrats. Demonernas offer har nämligen gjort en klassresa baklänges, från överklassen på 1700-talet, via borgarklassen under 1800-talet, till medelklassen på 1960-70-talet och slutligen till dagens arbetarklass. Det har sin naturliga förklaring i vem som läser skräckberättelser och vem som är målgruppen. Under 1700-talet när Walpole skapade den gotiska romanen var det bara överklassen som läste och som hade råd med böcker. Sedan när läskunnigheten blev större och romaner billigare blev en växande borgarklass måltavla för berättelserna. Sedan fick vi en medelklass i mitten av förra århundradet och samtidigt började nya massmedier som film och TV dyka upp. Idag kan vi sen en ny våg av skräckfilmer som "The Conjuring" och "The Babadook" där det i första hand är ensamstående eller lågutbildade familjer som drabbas av demoner och hemsökelser.

Om vi börjar med "Exorcisten" från 1973 så träffar vi här en ensamstående skådespelerska som bor i ett hus i Washington med sin 12-åriga väluppfostrade dotter. Dottern blir snart besatt av en demon och Max von Sydow kallas in för att driva ut anden. Vi befinner oss i en storstad och i de övre skikten av samhällsklasserna. Dotterns besatthet kan tolkas som en påbörjad pubertetsfas. Hon förvandlas både psykiskt och fysiskt, beter sig underligt, avskärmar sig från familjen, blir aggressiv och sexuellt utåtagerande. Mamman känner helt enkelt inte igen sitt lilla barn utan undrar vad det är för monster som flyttat in i hennes hus. En beskrivning som jag tror många tonårsföräldrar kan känna igen sig i.

Hoppar vi 10 år fram i tiden till filmen "Poltergeist" från 1982 så har något hänt. Nu har vi förflyttat oss från staden ut i förorten och i stället för att utspela sig i kultur- och kändisvärlden befinner vi oss i en villaidyll, med kärnfamilj och en blomstrande medelklass. TV:n har kommit in i sovrummet och det är genom TV:n som demonen fångar den lilla flickan och drar med henne in till en annan dimension. Hela huset förvandlas till en portal till den onda sidan. Anledningen till hemsökelsen är att man byggt det nya villasamhället på en gammal kyrkogård men för att tjäna pengar har man bara flyttat gravstenarna och inte de döda.

"Babadook" från 2014 får representera dagens nya våg av skräckfilmer. Här möter vi en ensamstående mamma som bor med sin son i ett slitet hus i förorten. Mamman arbetar som vårdbiträde på ett äldreboende och tillhör ekonomiskt de lägre samhällsklasserna. Den sjuåriga sonen har problem i skolan och med andra jämnårig och vi skulle nog idag sätta en bokstavskombination på hans beteende. Han tror att ett monster som heter Babadook är ute efter honom och hans mamma. Babadook är nu inte efter barnet, utan mamman, som är i ett skört tillstånd efter att hennes man dött i en tragisk olycka samma dag som sonen föddes.

Babadook är intressant ur ett psykologiskt perspektiv då den kan tolkas som det är den obehandlade sorgen och frustrationen hos mamman som skapar monstret. Att det egentligen inte är en extern demon som hon blir besatt av utan att hon drabbas av en psykos. Å andra sidan kan många skräckfilmer förklaras ur ett psykologiskt perspektiv snarare än ett övernaturligt. Det mest skrämmande brukar i slutändan finnas inom oss själva och inte utanför.

Även i filmen "Conjuring 2" (2016) möter vi en ensamstående mamma i ett slitet hus med sina barn. Här blir huset hemsökt och ett av barnen blir besatt av en demon. Det paranormala forskarparet Ed and Lorraine Warren kallas in för att hjälpa till. Mamman frågar desperat varför de har drabbats av detta hemska? På vilket hon får svar att det verkar som om det onda känner på sig att man är svag och därför mer mottaglig. Det är en korrekt iakttagelser. Dagens demoner brukar ge sig på ekonomiskt och socialt utsatta grupper som barn, tonåringar, fattiga och ensamstående snarare än de välmående och välbärgade. På så sätt ger dagens skräckfilmer ofta en socialrealistisk tolkning av samtiden.

Idag ser vi nämligen ökade inkomstklyftor där även medelklassen blir fattigare på många ställen i världen. Det är naturligt att gruppen blir måltavla för skräckfilmerna då de är en stor konsumentgrupp av populärkultur och i filmerna kan de identifiera sig med de utsatta familjerna. En demonattack kan ses som en metafor för en plötslig och akut kris som drabbar den redan utsatta familjen. Det kan vara räntan som höjs på huslånen, arbetslöshet eller sjukdom i familjen som leder till inkomstbortfall och hotar familjens försörjning och bostad.

Vi vet också att även om man lyckas driva bort demonen i slutet av filmen kommer den tillbaka i uppföljaren. För även om man klarat sig ur den akuta krisen befinner man sig fortfarande i samma utsatta situation. Nästa ekonomiska katastrof väntar bara runt hörnet. Enda sättet att undkomma framtida demonerna är tydligen att förändra sin socioekonomiska position, genom att börja tjäna mycket pengar och flytta ut en stor herrgård på landet. För det är inte så vanligt idag att skräckfilmer handlar om besatta miljonärer eller hemsökta lyxiga takvåningar på Manhattan.

Zombier som samhällsdebattörer

Zombier. Det flesta tänker direkt på halvruttna stapplande kroppar som muttrar "Brain, brain!" medan de (trots sin uppenbara likstelhet) ofta hinner ikapp sina offer och äter upp deras hjärnor. Men ända sedan George Romero filmade "Night of the Living Dead" 1968 har zombiefilmer i många fall haft en samhällskritisk undertext. "Night of the Living Dead" blev urtypen för framtida zombiefilmer och handlar om sju människor som blir fångade i ett hus på landet medan zombierna närmar sig och de tvingas samarbeta för att överleva natten.

Att stänga in ett antal människor från olika samhällsklasser och bakgrunder i ett slutet utrymme med en yttre fara, är ett vanligt motiv i filmen och litteraturen. Instängda människor skapar nämligen en tacksam dramatiskt situation. Gruppdynamiken brukar också bli intressant när människor, som i vanliga fall inte vill umgås, plötsligt tvingas att samarbeta i ljuset från ett yttre hot.

Guy de Maupassant publicerade redan 1880 novellen "Fettpärlan" som utspelar sig under det tysk-franska kriget. Novellen handlar om ett franskt sällskap med 10 personer som flyr i en kuskvagn med det överhängande hotet att hamna i fiendens händer. De 10 personerna, och de 7 hos Romero, utgör ett slags tvärsnitt av samhället. I vagnen finns både adel, präster och arbetare. Fettpärlan, som är en prostituerad, står längst ner på samhällsstegen och föraktas av de andra i vagnen, men i slutändan visar det sig att hon är novellens hjältinna och moraliska föredöme.

I "Night of the Living Dead" är huvudpersonen Ben, en svart afroamerikan. Precis som Fettpärlan står Ben längst ner i hierarkin, men visar sig vara den som kan hålla huvudet kallt och som är det moraliska föredömet i gruppen. I slutet skjuts Ben av en polis som misstar honom för en zombie. Dödsskjutningen av Ben kan tolkas som ett utslag av ett rasistiskt samhälle som utgår från stereotypen att svarta är farliga. I polisens ögon blir Ben bara en av alla de andra anonyma zombierna som utgör ett hot och därför utan tvekan kan skjutas.

Om rasism var undertexten i Romeros första zombiefilm så var konsumtion temat i "Dawn of the Dead" från 1978. Här tvingas en grupp människor barrikadera sig i ett köpcentrum medan zombierna samlas utanför. Gruppen ägnar den första tiden åt att konsumera allt vad köpcentret erbjuder, men efter en tid brister barrikaderna och som en Black Friday rea-kö rusar zombierna in för att ta del av köpfesten. Större delen av gruppen dödas av zombierna under attacken. Det går att se gruppen i köpcentret som den privilegierade överklassen som förskansa sig i sitt "gated community" och zombierna utanför som underklassen som till slut revolutionerar och stormar palatset och dödar sina förtryckare.

Klassperspektivet kan man också hitta i "White Zombie" från 1932, som betraktas som den första zombie-filmen. Här förvandlas vanliga människor till zombier av en voodoomästare för att användas som gratis arbetskraft åt plantageägaren på hans sockerbruk. I "White Zombie" finns en uppenbar referens till utnyttjande av slavarbetare i historien.

Ett ännu tidigare exempel är "The Cabinet of Dr. Caligari" av Robert Wiene från 1920 där den ondskefulle Dr. Caligari utnyttjar en sömngångare och tvingar honom genom hypnos att begå mord. Så här i efterhand är det inte svårt att tolka Dr. Caligari som en förutsägelse av nazismen blinda lydnad där miljontals människor hypnotiserade av sin ledare och begick ohyggliga brott mot mänskligheten. Zombier blir ofta en metafor för den viljelösa anonyma massan som styrs av sina begär och som utgör ett hot mot det ordnade samhället. Det går att tolka zombierna som en bild för en förryckt arbetarklass som till slut gör uppror mot sina förtryckare.

Ett av de senaste tillskotten i zombiegenren är Jim Jarmusch "The Dead Don't Die" (2019). Jarmusch bygger i sin film vidare på traditionen med den samhällskritiska kontexten. I filmen har nämligen fracking vid Nordpolen gjort att jordaxeln ändrat sin lutning och de döda återvänder som zombier. Klimathotet är alltså en undertext i filmen, sedan finns det i filmen flera tydliga referenser till Romeros zombiefilmer. Ja, det går så långt att hela filmen utvecklar sig till en meta-film med referenser till zombiefilmer och själva filmskapandet. Precis som i Romers film "Dawn of the Dead" lyfter Jarmuch också fram konsumtionssamhällets baksidor.

Zombierna i "The Dead Don't Die" är inte ute efter hjärnor utan de är ute efter samma saker som de begärde och konsumerade under sin livstid som godis, sex, verktyg eller mobiltelefoner. Som i vilken normal zombie-film som helst dödar zombierna naturligtvis alla levande som kommer i deras väg och det enda sättet att stoppa dem är att förstöra deras huvud.

Nästa gång du ser en zombiefilm tänk då på att det inte bara är en skräckfilm som du ser utan på många sätt en samhällskritisk film som belyser aktuella problem och frågeställningar i vårt samhälle. För även om zombierna är hjärndöda har de ofta något viktigt att säga åskådarna.

Antika myter i samtidskonsten

Varför återkommer vi ständigt till de antika myterna i samtidens kultur? Referenser till Ikaros, Oidipus, Antigone och andra karaktärer dyker med jämna mellanrum upp i konst, litteratur och film. Vad kan dessa tusenåriga gamla myter säga oss moderna upplysta människor?

På Nationalmuseum visar man fram till mitten av maj 2020 utställningen "Inspiration - Iconic Works" där samtida konstnärer har tolkat klassiska ikoniska konstverk. Sara Masügers har tolkat den antika skulpturen av *Laokoongruppen* där hon använt sin egen kvinnliga kropp som form för att ersätta de antika manliga idealiserade kropparna i skulpturen. Laokoon försökte varna trojanerna från att ta in trähästen i staden men straffades av gudarna genom att han och hans söner överfölls och dödades av två stora ormar.

Konstnären Yinka Shonibare har skapat fyra olika varianter på Caravaggios kända målning av Medusas huvud med fyra människotyper: asiatisk, indiansk, afrikansk och europeisk för att symbolisera de olika världsdelarna. Medusa var en av de tre Gorgonerna vars hår bestod av ormar och vars blick förstenade människor. Hjälten Perseus lyckades hugga huvudet av Medusa och oskadliggöra henne.

I Mark Karasicks vägginstallation *Navigatören* ser vi hur en människa med vingar stiger upp mot himlen. Man kommer att tänka på Ikaros-myten. Ikaros som flydde från labyrinten med hjälp av ett par vingar av vax som smälte när han flög för nära solen. För finns det något gemensamt bland alla dessa antika myter så är det att det sällan går så jättebra för hjältarna och hjältinnorna.

Det är kanske därför som vi fortfarande uppskattar dem? För även om allt verkar gå bra med jobb och familj och vi stiger i karriären så kan man ge sig tusan på att man blir utbränd och störtar som Ikaros rakt ner i sängen. Eller när man som Laokoon försöker avslöja en felaktighet på jobbet som borde rättas till, men istället för att få beröm och bli befordrad blir straffad för att man säger sanningen.

Det finns flera exempel på aktuella utställningar där de antika myterna har fått en samtida dräkt. På Glyptoteket i Köpenhamn visade man i början av året Tacita Deans film *Antigone*. Antigone var dotter till Kung Oidipus och blev hans ledsagare efter att han blivit blind. Antigone beskrivs ofta som en modig och principfast kvinna som hellre gick i döden än bröt sina principer. Antigone är också namnet på konstnärens äldre syster.

Under hösten 2019 kunde man se Grada Kilombas filmtrilogi *Illusions* på Bildmuseet i Umeå som tog upp myterna kring Narcissus och Echo, Oidipus och Antigone. Konstnären hade omtolkat myterna och använt dem för att berätta om kolonial historia och mänskliga rättigheter i vår samtid.

Det finns många fler exempel på samtida konst inspirerad av antika myter. 2018 publicerade bokförlaget Phaidon boken

Flying Too Close to the Sun: Myths in Art from Classical to Contemporary där man kan hitta konstnärer som Tracey Emin, Yayoi Kusama, och Bruce Nauman. Här berättas om hur Chris Burden 1973 gjorde en performance kring Ikaros-myten. Två glasskivor(vingar) dränktes i bensin och tändes på. När Burden hastigt reste sig föll glasvingarna från hans axlar och krossade brinnande mot golvet, precis som när Ikaros störtade ner i havet. Ett annat exempel som fanns med i boken var den holländska fotografen Rineke Dijkstra som är mest känd för sina strandporträtt av barn och ungdomar. Bland hennes många strandbilder kan man hitta fotografier som påminner om Venus i Botticellis målning "Venus födelse".

Men även om de antika myterna lever kvar och omtolkas i samtidskonsten är det kanske främst genom populärkulturen som de fortfarande når den breda allmänheten. För är dagens superhjältar något annat än moderniserade myter om antikens hjältar och gudar? Den mörka, mystiska Batman som bor i underjorden med en flod som slingrar sig igenom hans grotta är det inte underjorden härskare Hades? Och Superman som härskar över himlen, med överjordiska krafter och sina röntgenstrålar är det inte Zeus med sina blixtar som härskar över himlen? Och Flash, som rör sig med blixtens hastighet är det inte Hermes, gudarnas snabba budbärare med sina bevingade sandaler. Och Hulken är det inte hjälten Herkules, som inte kan tygla sitt humör utan i vredesutbrott slår sönder allt i sin väg?

De antika myterna lever och frodas än idag i olika skepnader och sammanhang. Men det är inte i första hand för att de beskriver perfekta hjältar och fantastiska hjältedåd som vi fascineras av dem, utan för att de i många fall skildrar mänskliga egenskaper och berättar om våra tillkortakommanden och brister.

De klaustrofobiska ljusväktarna

Ett upplysningens ljus som sveper över mörkret för att frälsa sjömännens själar och leda deras skepp mot säkra farvatten. Vi ser gärna fyren som en symbol för en fast orubblig punkt, som tryggt leder oss rätt i livet medan stormen rasar runt omkring oss . Men i den senaste vågen av filmer om fyrar är fyren snarare en klaustrofobisk och isolerade plats där människans själ bryts ner och vansinnets mörker tar överhand.

"The Vanishing" (2018) och "The Lighthouse" (2019) är två filmer som i grunden bygger på verkliga händelser. "The Lighthouse" är inspirerad av "the Small's Lighthouse Tragedy". Small's Lighthouse ligger utanför Wales kust och under året 1801 arbetade de två fyrväktarna Thomas Howell och Thomas Griffith här. De två männen var kända för att alltid bråka med varandra och när Griffith plötsligt dog av sjukdom förstod Howell att det fanns en risk att han kunde bli anklagad för att ha mördat Griffith. Så istället för att direkt begrava kroppen i havet lät han den ligga framme, vilket ledde till att den snart började ruttna. Han byggde då en enkel kista som han band fast utanför fyrens fönster. Den starka vinden slet nu sönder kistan och fick armen att röra sig på ett spökligt sätt utanför fönstret. När avlösningen äntligen kom hade händelsen påverkat Howell så pass mycket att hans vänner inte kände igenom honom. Efter den tragiska händelsen antog myndigheterna en ny policy som sa att det alltid skulle vara tre fyrväktare på plats.

I filmen "The Lighthouse" möter vi den äldre och luttrade fyrväktaren Thomas och hans nya assistent Thomas. Redan från början uppstår misstänksamhet och konflikter mellan de bägge männen. Efter att den yngre Thomas dödat en mås och enligt gammal sjömanstradition dragit olycka över dem, blir de fast på ön på grund av en storm. De har dock en hel del sprit i lager som de passar på att dricka upp, men kombinationen av isolering, psykisk stress, fientlighet och sprit är inte den bästa. Det blir ett dramatisk och klaustrofobiskt slut där de två männen är fångade i sina vanföreställningar och dras allt längre ner i vansinnes malström.

"The Vanishing" (2018) handlar om tre fyrvaktare (vilket den nya policyn som bekant kräver) som anländer till en ö för att jobba ett sex veckors pass. En dag hittar de en sönderslagen båt och en avsvimmad man med en träkista. Träkistan visar sig innehålla guldtackor och snart dras männen i en väv av moraliska och själsliga påfrestningar som sätter deras mentala hälsa och liv på spel.

Även "The Vanishing" bygger på en verklig händelse. Vid Flannan Isles utanför Yttre Hebriderna finns en fyr där man i december 1900 uppmärksammade att fyrljuset var släckt och ett fartyg skickades dit för att undersöka saken. När man kom fram kunde man inte hitta ett spår av de tre fyrväktarna. Trots gedigna efterforskningar lyckades man aldrig hitta de tre männen eller ta reda på vad som egentligen hade hänt med dem. Denna mystiska händelse har varit inspirationskällan till filmen "The Vanishing".

Fyren är förstås den perfekta skådeplatsen för en skräckfilm eller ett psykologiskt drama. Ett antal personer är avskurna från omvärlden och instängda på ett begränsat område. De utsätts för naturens påfrestningar och psykologisk stress och måste överleva tills räddningen kan nå dem. Det är i alla fall ett scenario som fungerade förr i tiden. Idag har den tekniska utvecklingen sprungit från fyren som isolerad plats. Nästan alla fyrar är idag obebodda och helt automatiserade. Dagens kommunikationsteknik gör också att även den mest avlägsna plats kan vara ganska social. Det är också anledningen till att man förlagt handlingen i filmerna lång tillbaka i tiden.

Det var under 1700-talet som fyrbyggandet tog fart på allvar då nya kommersiella fartygslinjer mellan kontinenterna behövde säkra farlederna så att inte fartygen förliste och lasten förlorades. När Jules Vernes skriver sin äventyrsroman "Fyrtornet vid världens ände" (1905) så låter han den utspela sig 1859 när byggandet av nya fyrar var en viktig del av sjöfartens infrastruktur. I romanen beslutar sig Argentina för att bygga ett fyrtorn vid världens ände, det vill säga i närheten av Cape Horn.

Tre fyrväktare lämnas kvar för att sköta fyren, men platsen visar sig också vara populär bland pirater som brukar lura båtar med eldar att gå på grund, och sedan ta hand om vrakgodset som flyter iland. Den nya fyren hotar piraternas inkomst och det tre fyrvaktarna blir tvungna att slåss mot piraterna och försöka hålla sig vid liv i väntan på att bli räddade. "Fyrtornet vid världens ände" är en klassisk äventyrsroman om kampen mellan det goda och det onda, mellan den upplysta civiliserade världen och de barbariska samhällsomstörtande skurkarna.

Jules Verne skildrar fyren i tidens anda, som en positiv teknisk uppfinning och fyrväktarna som hjältar som räddar skepp från att gå under i stormen genom att bekämpa ett yttre hot, i det här fallet piraterna. I filmerna "The Lighthouse" och "The Vanishing" kommer hotet däremot inifrån. Det är fyrväktarna själva som utgör det största hotet mot deras egen hälsa och liv. Vi kan jämföra fyren i filmerna med det avlägsna hotellet i Stephen Kings roman "The Shinning". Hotellet ligger avskuret och isolerat och hotellets alla rum och tillhörande trädgårdslabyrint är en symbol för det mänskliga psyket och alla dess mörka hemligheter. På samma symboliserar fyren i filmerna det mänskliga psyket. Fyrens spiraltrappa som tidigare kunde stå för en resa upp mot ljuset, mot en positiv framtid och upplysning, blir i filmerna snarare en symbol för nedstigningen i psykets mörka domäner och mot undergången.

Det stormar i litteraturen

För någon vecka sedan var Ciara på besök i min trädgård och nu är det Dennis som rusar runt och tjuter och ställer till oreda. Han kastar löv omkring sig, lägger sig i häcken, böjer trädens grenar och välter trädgårdstunnan. Från min dator ser jag hur molnen rusar förbi på himlen medan regnet piskar mot fönsterrutan. Stormen Dennis håller Skåne i ett fast grepp.

Jag funderar på stormen i litteraturen. Hur hade Odysseus hemresa från Troja varit om han hade haft fint väder och medvind hela resan? Efter en vecka hade han varit hemma utan missöden och äventyr och återförenats med sin familj. Men nu råkade han reta havsguden Poseidon, som släpper loss en storm som sänker hans skepp. Sedan tar det 20 år för Odysseus att ta sig hem och under tiden upplever han allehanda äventyr och prövningar.

I Shakespeares drama "Stormen", ja själva titeln säger ju vad som är det viktiga i handlingen, har huvudpersonen Prospero blivit strandsatt på en öde ö. Prospero har magiska krafter och när ett skepp med hans bror Antonio och en del andra personer, som tidigare i handlingen avsatt honom som hertig över Milano, passerar ön, släpper Prospero loss en storm så att skeppet förliser och personerna hamnar på Prosperos ö och intrigerna kan börja.

Och vad hade Robinson Crusoe i Daniel Defoes roman eller Gulliver i Jonathan Swift berättelse varit om inte deras skepp råkat ut för stormar och förlist? Robinson Crusoe hade aldrig hamnat på en öde ö och träffat Fredag och Gulliver hade aldrig besökt Lilleputtarna eller kommit till landet Brobdingnag. Nej, deras berättelser hade bara varit tråkiga och händelselösa skildringar av resor på havet.

Och hade inte vulkanen Tambora i Indonesien haft ett kraftigt utbrott som ledde till klimatförändringar, så att hela sommaren 1816 blev en riktig skitsommar, då hade Mary Shelley, som besökte Lord Byron i Villa Diodati vid Genevesjön, aldrig stannat inne och skrivit romanen Frankenstein, utan istället valt att utforska omgivningarna. Det dåliga sommarvädret avspeglar sig förresten i romanen Frankenstein där det stormar titt som tätt. Och utan ett riktigt åskväder hur skulle man kunna ha väckt Frankensteins monster till liv med elektricitet? En solig sommar hade blivit ett riktigt antiklimax för handlingen.

Och vad hade förresten ett möte med den fruktade flygande holländaren, detta fördömda spökskepp, varit om det kom seglande förbi en solig och fin dag på havet? Effekten skulle utebli, det skulle inte vara lika dramatiskt och spöklikt som när det uppenbarar sig medan stormen piskande i seglen mellan de skummande vågtopparna på det rasande havet.

Ja, hela vårt kulturliv hade varit betydligt fattigare utan dessa återkommande stormar och oväder. Tänk bara på romantiken, denna epok vars slogan var Sturm und Drang, tyskans ord för storm och längtan. Vad hade det blivit kvar av den epoken utan riktiga dramatiska oväder? Hur skulle man då ha gestalt själens känslosamma kast, mellan kärlek och sorg, mellan liv och död, i litteraturen, konsten och musiken? Ja, hade de inte stormat utanför mitt fönster hade förmodligen inte den här texten blivit skriven heller. För hade solen lyst från en klarblå himmel hade jag tagit en promenad istället för att sitta vid datorn och skriva.

En banan värd sin vikt i guld

En banan fasttejpad på väggen med silvertejp till priset av $120,000. Låter det som en spännande investering så får du skynda dig. De har nämligen en strykande åtgång. Två av de tre exemplaren såldes redan under de första dagarna av Art Basel som öppnade i början av december i Miami. Man kan bara geniförklara konstnär Maurizio Cattelan som ligger bakom detta bananverk.

Det går naturligtvis att diskutera det unika med en banan som konstnärligt objekt. Redan 1967 skapade popkonstnären Andy Warhol ett skivomslag för gruppen The Velvet Underground & Nico med en banan. Så en banan i konsten är inget nytt. Det går också att ifrågasätta om $120,000 är ett rimligt pris för en banan? Med tanke på att världens bananbestånd är hotat av en fruktad sjukdom och bananen riskerar att vara utrotad inom några decennier så är kanske $120,000 inte så dyrt för att äga ett av de sista exemplaren av denna populära frukt (eller bär för att vara botaniskt korrekt).

En upptejpad banan kan också upplevas som provocerande, men det är inte heller något nytt i konsten. Redan 1973 skapade Natalia LL videoverket *Consumer Art* som visar modeller som äter bananer på olika erotiska sätt. Verket har visat under många år på Warszawas National Museum, men nu blåser nya kulturvindar i Polen och plötsligt tyckte man att videon var allt för provocerande och den togs bort ur utställningen, vilket ledde till en hel del protester och synpunkter på yttrandefrihet och konstnärlig frihet.

Nej, det geniala med Cattelans verk ligger inte i första hand i det konstnärliga uttrycket utan i det affärsmässiga konceptet. Låt oss säga att en klase med bananer och en rulle silvertejp kostar runt $10, då blir vinsten $119.900, dvs en värdeökning med 11999%. Det är få ekonomiska investeringar som har en sådan god värdeökning. Man kan bara drömma om att ens egna fonder man sparar i till pensionen kommer att ha en sådan värdeökning.

Cattelans verk som heter *Comedian* är en form av ready-made. Marchel Duchamp porslinspissoar är annars världens mest kända ready-made. Duhamps verk har också en humoristisk titel Fontän. Vad Duchamp köpte sin pissoar för vet jag inte, men jag har sett uppgifter om att auktionsvärdet idag ligger runt $1,500,000 till $2,000,000, så även här är det en mycket bra värdeökning på konstnärens investering. Nu har även Cattelan skapat ett konstverk i form av en toalett. Men ur ekonomisk synvinkel får verket betraktas som mindre lyckat. Skulpturen *America* består nämligen av en toalett i 18 karat guld, vilket gör att den ekonomiska vinsten vid försäljning måste blir begränsad i jämför med en banan med silvertejp.

Men varför köpa ett objekt när man kan tillverka det själv? Artist's Shit från 1961 består av 90 konservburkar där innehållet består av, just det, den italienska konstnärens Piero Manzonis avföring. Ett medelvärde på de senaste årens auktionspriser ligger runt €100,000 per burk. Vilket inte är fy skam med tanke på tillverkningskostnaden. Det har ifrågasatts om det verkligen är konstnärens bajs i konservburkarna. Vissa hävdar att det bara är spackel, men även om spackel är lite dyrare att införskaffa så får man ändå räkna det som ett ekonomiskt framgångsrikt projekt.

Oavsett vad man tycker om Duchamps porslinspissoar och Manzonis konservburkar så är det ändå frågan om solida objekt. En banan på en vägg möter en hel del utmaningar som bruna fläckar, bananflugor och annat otrevligt i samband med förruttnelsens naturliga processer. Köper man Cattelans verk få man räkna med att det är en tillfällig upplevelse som försvinner inom några dagar och ingen långsiktig investering som barnbarnen kan uppleva. På ett Spa hotell i Sri Lanka kan man förstås köpa en efterrätt för $14,500, visserligen ingår en ädelsten, men det visar att det finns gott om människor som har väldigt mycket pengar som de konsumerar på allt möjligt onödigt och på flyktiga upplevelser bara för att de kan.

Jag skulle säga att bananen i sig själv inte är verket i det här fallet utan istället den konstnärliga process där Cattelan undersöker "kejsarens nya kläder"-syndromet i konstvärlden. Jag är ganska säker på att Maurice Cattelan och andra konstnärer utnyttjar den absurda spekulation som pågår på konstmarknaden idag bara för att driva med rika köpare och att de skrattar hela vägen till banken. Genialt är det iallafall: En banan uppsatt med silvertejp på en vägg för $120,000, förlåt, jag ser att priset på den sista bananen nu har stigit till $150,000.

Konsten att stjäla konst

-Bra konstnärer kopierar, genier stjäl. Ett välkänt citat som ofta tillskrivs Picasso, men som det geni han var, snodde Picasso förmodligen citatet från någon annan. En konstnär som däremot anammat stölden som konstnärlig ide är Richard Price. Nu säger man inte stöld om Price konstverk utan man kallar det för appropriering.

Det var 2014 som Price skapade utställningen *New Portraits* på Gagosian Gallery i New York. Så nya var nu inte porträtten utan fotografierna hade Price hittat på Instagram och utan att fråga ägarna använt i utställningen. Olika länder har nu olika syn på upphovsrätt och i USA brukar man hänvisa till Fair Use och Price hade i det här fallet bemödat sig med att skriva ut fotografierna, skapat egna kommentarer till bilderna och gjort en utställning så man kan ju argumentera att de inte är stulna rakt av.

De flesta av instagramanvändarna verkade dessutom smickrade att en känd konstnär använde deras fotografier och såg det som gratisreklam och en extra boost för karriären. Sedan lever vi i en delningskultur där vi hela tiden lånar, remixar och skapa nytt material av sådant som vi hittar på nätet, så det borde väl inte vara något större problem att Price lånar några foton från Instagram och gör konst av dem?

Det är först när man vänder på perspektivet som det blir intressant. Skulle Price vara lika förstående om någon i sin tur använde hans bilder, naturligtvis något modifierade, och började tjäna pengar på dem? Eller skulle vi se en svans av advokater sätta efter förövaren med hot om stämning för brott mot upphovsrätten?

Upphovsrätten är nödvändig i vårt samhälle för att människor ska kunna våga satsa på och kunna leva på sina idéer och skapelser. Det var i början av 1700-talet i England som vi fick de första copyrightlagarna som då enbart gällde böcker. Innan dess var det inte ovanligt att författare fick sina böcker kopierade rakt av och utgivna under någon annans namn utan ersättning. Från början gällde copyrighten bara i det egna landet, så att översätta ett verk och ge ut det i ett annat land var inte olagligt. Det var först 1886 med Bernkonventionen som man kunde man börja tala om en internationell upphovsrätt.

Kopiatorn, kassettbandspelaren, disketterna och internet och andra tekniska uppfinningar har gjort det enkelt att kopiera och sprida material. Upphovsrätten har därför stärkts och förlängts under de senaste decennierna för att skydda de ekonomiska intressena.

Upphovsrätten är alltid en balansgång mellan ekonomiska intressen och behovet att kunna skapa nya kulturella uttryck och konstnärliga verk baserade på tidigare generationers kulturer. Från att internet i början var copyrightens vilda western har nu istället lagstiftningen svängt åt det andra hållet och försöker allt mer gå den kommersiella sidan till mötes när det gäller krav på åtstramningar och regleringar.

2019 röstade EU-parlamentet igen Artikel 11 och Artikel 13, även kallad för meme-dödaren och länkskatten av allmänheten, som förmodligen kommer att leda till att de stora sociala plattformarna som Facebook, Instagram och andra kommer att införa filter för att plocka bort upphovsskyddat material som delas mellan användarna.

Internets utopiska grundtanke att all information på internet ska vara gratis och tillgänglig för alla är inte ett hållbart koncept i längden för den som vill leva på sin konst, men det är inte heller den maktkoncentration som vi ser idag där internet domineras av några enstaka företag och där stora företag lobbar för att deras varumärken ska skyddas för evigt på bekostad på enskilda användares kreativa uttryck. I jämförelse med boken är internet ett nytt medium och det är kanske förståeligt att lagstiftningen inte riktigt hänger med i den snabba utvecklingen. Förhoppningsvis svänger pendeln tillbaka och vi får en mer nyanserad lagstiftning kring upphovsrätt om några år och att de stora internetjättarnas monopol bryts ner för ett mer mångfacetterat landskap som gynnar alla som skapar kultur.

Richard Prince är nu inte unik inom konsten när det gäller att använda upphovsskyddat material i sitt konstnärskap. Manuel Palous skulptur *5 Million Dollars 1 Terrabyte* (2011) består av en svart hårddisk på 1 TB som står på ett podium. På hårddisken finns programvara och filer till ett värde av 5 miljoner dollar som olagligt har laddats ner från nätet. Verket är skapad i efterföljd av den uppmärksammade illegala fildelningen som stod i fokus i början av 2000-talet med sajten Pirate Bay i centrum för diskussionen. Den svenska sajten var länge världens första fildelningsnätverk där mycket illegal musik och film spreds och delades.

Pirate Bay och Piratbyrån (som skapades av Rasmus Fleischer, Sara Andersson och Palle Torsson för att driva lobbyverksamhet för att främja möjligheten att kopiera information och kultur fritt) blev också en del av konstvärlden när de deltog på Venedigbiennalen 2009 med projektet *Embassy of Piracy*. Även om materialet på Pirate Bay var olagligt så skapade själva plattformen och konceptet en efterfrågan och en publik som idag ligger till grund för kommersiella streamingtjänster som Spotify, Netflix och Storytel. Så även om det som Pirate Bay ägnade sig åt, rent juridiskt var stöld, så var konceptet genialt eftersom den skapade den streamingkultur och tjänster som få idag av oss skulle klara sig utan.

Kultur i skuggan av Corona-viruset

Filmen *Contagion* från 2011 fick efter utbrottet av Corona-viruset i Kina ny aktualitet och började klättra på tittartoppen. Det är inte så konstigt. Handlingen i filmen påminner om vad som nu sker i Kina. En kvinna drabbas av ett nytt okänt virus under en affärsresa till Hong-Kong och sprider det vidare när hon återvänder hem till USA. Konspirationsteorier, kampen för att framställa ett vaccin, att smittkällan är djur (fladdermöss) och sneglingar på SARS-utbrottet i början av 2000-talet gör det till en perfekt cocktail för den som vill ha söka samband och förståelse bortom tidningsrubrikerna och forskningsrapporterna.

Det är nu ingen brist på filmer, serier, dataspel eller böcker där apokalyptiska virusepidemier hotar mänskligheten. Vi gillar att frossa i katastrofer och kanske ger det oss den katarsis, den rening från rädsla, som de gamla grekerna pratade om inom dramatiken? Katastrofer och epidemier har följt mänskligheten som en skugga. När pesten bröt ut i Florens i mitten av 1300-talet drog sig tio ungdomar, sju kvinnor och tre män sig undan och isolerade sig i en lantvilla för att skydda sig från pesten. Under isoleringen från omvärlden, som varade i 10 dagar, berättade de historier för varandra.

Det är den ramberättelse som Giovanni Boccaccio använder i sitt kända verk *Decamerone (ca. 1353)*. Här är det inte frågan om apokalyptiska berättelser utan historier om kärlek, lycka och lurendrejerier för att få dagarna att gå. För katastrofer behöver inte bara leda till mörker och undergång utan konsten kan också användas för att skapa ny sammanhang och ge nytt hopp i en mörk tillvaro.

Boccaccios samtida hade nog tyckt att ett utbrott av Corona-viruset inte var så mycket att hetsa upp sig för. När digerdöden hade härjat klart i Europa under 1300-talet hade befolkningen minskat med en tredjedel och det skulle ta många år innan Europa återhämtade sig både mänskligt och ekonomiskt från den smällen. Att Corona-viruset fyller våra nyhetsflöden är naturligtvis stressande och drygt 1000 döda kan låta som en oroväckande hög siffra, men om man jämför det med att runt 400.000 människor, främst barn, dör varje år i malaria, så ska man kanske hejda sig innan man börjar tala om katastrof och undergång.

Oavsett vad som händer med virus-utbrottet så kan man inte låta bli att undra hur utbrottet kommer att påverka konsten och litteraturen. Rent konkret så ställdes den stora konstmässan Art Basel i Hong-Kong in av rädsla för viruset. Risken finns förstå att andra konstmässor, biennaler och konstnärsutbyten tvingas ställa in i framtiden.

Men det jag undrar är om det sitter en grupp människor i en lägenhet någonstans i miljonstaden Wuhan och berättar berättelser för varandra för att fördriva tiden medan de är isolerade från omvärlden. Kommer dessa berättelser att bli ett lika viktigt litterärt verk för framtiden precis som Boccaccios novellsamling *Decamerone?* Eller är det kanske på ett Instagramkonto eller i en YouTube-kanal som någon just nu håller på att formulerar de stora existentiella frågorna om att vara människa inför hotet av en pandemi.

Orfeus i underjorden - en resa i meta-teater

Operetten gör comeback på Malmö Operas scen. Uppsättningen av Offenbachs "Orfeus i underjorden" kan bäst beskrivas som en finkulturens buskis. Här hittar man förväxlingar, intriger, sexuella anspelningar, grova skämt, ordvitsar, samtidssatir och Can-Can dans, men också en hel del meta-teater.

Begreppet meta-teatern kräver kanske sin förklaring. Meta-teater kan beskrivas som att skådespelarna under föreställningen ifrågasätter, kommenterar och diskuterar den egna föreställningen. I föreställningen av "Orfeus i underjorden" stiger redan i inledningen Vän av ordning (Rickard Söderberg) upp från publiken, ja vi känner alla till typen, han som bara måste påpeka vilka regler och lagar som gäller. Vän av ordning kliver in på scenen för att se till att allt går rätt till i föreställning och att man följer den ursprungliga myten och inte gör för stora utsvävningar i handlingen.

Thalia, teaterns gudinna, spelad av Marianne Mörck påtalar flera gånger för guden Jupiter (Loa Falkman) att han säger fel repliker och Thalia gör även andra anspelningar som markerar att det är en föreställning som vi ser. Att rutinerade skådespelare som Mörck och Falkman kommer av sig under föreställningen kan man tycka är märkligt, men om man ser det ur ett meta-teaterperspektiv så är det bara helt naturligt att den i vanligt fall osynliga sufflören gör sin stämma hörd och blir en del av föreställningen (även om det kanske inte var repeterat i det här fallet). I föreställningen påpekar man också att upphovsrätten till Offenbachs verk har löpt ut att man därför kan man göra vad man vill med texten och det har man verkligen gjort genom att infoga referenser till samtida filmer, texter och sånger som skapar ytterligare en känsla av meta-teater.

Meta-teatern har en lång tradition även om själva termen meta-teater myntades av den amerikanska dramatikern Lionel Abel så sent som 1963. Det grekiska dramat, men sin sångkör som kommenterar handlingen för publiken, kan ses som ett tidigt exempel på meta-teater. Ett mer konkret exempel finner man hos Shakespeares som ibland sätter upp en pjäs i pjäsen. I Hamlet, sätter Hamlet upp pjäsen "Mordet på Gonzago". Syftet är att få Hamlets faders mördare Claudius att avslöja sig när han ser mordet, som han begått, spelas upp av skådespelarna. I "En midsommarnattsdröm" möter vi sex skådespelare som sätter upp pjäsen "Pyramus and Thisbe" och så vidare. I bägge fallen blir skådespelarna på scenen själva publik till en föreställning, precis som vi som sitter i salongen.

En av mina egna favoriter är Lugi Pirandellos pjäs "Sex roller söker en författare". Under en pågående repetition på teatern av en pjäs av Lugi Pirandello(!) dyker plötsligt sex personer upp på scenen. Det visar sig att det är ofullständiga karaktärer som letar efter en författare som kan skriva klar deras historia. Under dramats gång får vi veta mer om karaktärerna samtidigt som gränsen mellan pjäsen som repeteras och de sex karaktärernas historia flyter in i varandra. Inte ens teaterdirektören i pjäsen verkar i slutet kunna skilja på vad som var fiktion och vad som var verklighet.

Nu är det inte bara inom teaterns värld vi hittar meta-nivåer utan de finns även i filmens värld. I Woody Allens film "Kairos röda ros" slår man nästan knut på meta-nivåerna. Servitrisen Cecilia flyr sitt tråkiga liv genom att se filmen "Kairos röda ros" om och om igen på bio. Slutligen upptäcker filmens hjälte, arkeologen Tom Baxter, Cecilia i biosalongen och bryter sig loss från filmduken och de blir förälskade i varandra. När huvudpersonen Tom saknas i filmen uppstår problem i handlingen och producenten till filmen blir tvungen att flyga in skådespelaren som spelar Tom till New York för att Cecilia ska bli förälskad i den riktiga Tom så att den fiktiva filmhjälten Tom kan återvända till filmens handling. Hängde du med i de olika meta-nivåerna? Då tar vi och vridet till det lite till.

För i filmen "Den siste actionhjälten" spelar Arnold Schwarzenegger sig själv som actionhjälten Jack Slater. Danny Madigan, ett riktigt Slater-fan får tag i en magisk biobiljett och kastas in filmens värld och får möta sin idol och alla de andra karaktärerna i filmen. Filmens onda skurk Benedict lyckas dock få tag i den magiska biobiljetten och tar sig till den riktiga världen med Danny och Slater hack i häl. Skurken beslutar sig för att döda den riktiga Arnold Schwarzenegger, som spelar Slater i filmen för att bli av med hjälten och därefter använda biljetten för att hämta alla onda skurkar från andra filmer till den riktiga världen. För Benedict har nämligen insett att de onda kan vinna eftersom actionhjältar inte har några superkrafter utan är bara vanliga dödliga i den riktiga världen.

Precis som "Orfeus i underjorden" är "Den siste actionhjälten" fylld med olika referenser. Vi får se Slater som Hamlet, Arnold Schwarzeneggers som refererar till sin egen rollfigur i Terminator med "I'll be back"-scenen, till Döden i Bergmans "Det sjunde inseglet". Filmen är inte bara en metafilm utan skapar också ett multiverse där olika filmers litterära universe krockar och överlappar varandra.

En historia liksom en artikel behöver naturligtvis också ha ett slut. Och vad är bättre i sammanhanget än ett Monty Python slut? I slutscenen av filmen "The Holy Grail" stormar riddarna nedför en kulle för att inta ett franskt slott. Plötsligt dyker en polisbil upp och stoppar filmen. Skådespelarna arresteras och filmen avslutas abrupt med att en polis välter filmkameran och åskådaren ser den fysiska filmrullen fladdrar förbi på projektorn innan allt blir svart. Monty Python bryter inte bara illusionen av själva filmen, utan visar också själva tekniken bakom filmen. Vi får se den fysiska filmrullen som fångar upp fiktionen. Utan filmrullen blir det ingen film, bara en svart ruta. Det är också själva kärnan med meta-teater att visa processerna hur dramat eller filmen skapas. Allt det som i normala fall håller illusionen vid liv avslöjas och visas fram för åskådaren i meta-teatern. Meta-teater är lite som en trollkarl som visar och avslöjar för publiken hur han gör sina fantastiska trick.

Toapapper i konsten

I dessa tider får man räkna den turkiska konstnären Şakir Gökçebağs installation "Trans Layers" från 2010 som ett högrisk projekt. Det är nämligen en installation som består av toapappersrullar och med tanke på att hyllorna med toapapper gapar tomma i affärerna pga av Corona-pandemin så är nog risken stor att en eller annan rulle ur utställningen skulle försvinna om den visades idag.

Şakir Gökçebağ är en konstnär som bygger sina installationer av olika objekt som paraplyer, delar av trädgårdsslangar och klädnypor, till stora installationer med geometriska mönster, så även med toapapper. I "Trans Layers" har han monterar toapappersrullar på väggen och låter pappret som ett fint vit silkesband knyta ihop de olika rullarna i geometriska mönster. Det är inte så vanligt att konstnärer använder sig av toapapper i sin konst, papperskonst däremot finns det mycket av från origami till pappersskulpturer.

Några undantag har jag dock hittat som den kinesiska konstnären Wang Lei som har stickat en egen kollektion av kläder av toalettpapper. I vissa av sina kläder använder han sig av gamla tidningsartiklar som varvas med toalettpapper. Papperskläder är i och för sig inte så ovanligt. Vår förre kulturminister Alice Bah Kuhnke dök upp på nobelmiddagen 2017 i en pappersklänning skapad av modedesigner Bea Szenfeld. Däremot är kanske kläder av toapapper inte så vanligt, om du inte tänker klä ut dig till mumie på Halloween.

Nu kan man visserligen se att toapappret börjar hitta tillbaka till hyllorna igen, men det är kanske inte alltid den kvalité som man är van vid. Att det finns olika grader av mjukhet och strävhet i toapapper är de flesta medvetna om och vi har alla våra egna märken och favoriter.

Den engelska konceptkonstnären Theresa Bruno är intresserad av vårt konsumtionssamhälle och har i verket "Social Climber" placerat ut 15 toalettrullar på väggen. Kvalitén på toalettpappret från vänster till höger blir bättre och bättre som en symbol för att desto bättre ställt du har desto mjukare toalettpapper har du råd att konsumera. Precis som du har råd at konsumera mer lyxvaror desto rikare du är.

Sedan är frågan vad ska man göra med alla tomma toarullar som blir över? Även här kan man hitta inspiration i konsten. De tomma toarullarna kan användas för att skapa olika pappersskulpturer eller så skapar man som Anastassia Elias fantastiska landskap och scener inuti toarullarna. Elias skapar av toarullarna små tittskåp fyllda med papperssiluetter av djur, människor och natur. Ett kreativt DIY för den som sitter hemma i karantän.

www.ingramcontent.com/pod-product-compliance
Lightning Source LLC
Chambersburg PA
CBHW070250230526
45470CB00002B/548